AF672695

Klauspeter Bungert

Wolkenfarben

Klauspeter Bungert

Wolkenfarben

GEDICHTE UND KURZE PROSA

VERLAG 28 EICHEN
BARNSTORF

Die Deutsche Bibliothek verzeichnet diese Publikation
in der Deutschen Nationalbibliographie.
Detaillierte bibliographische Daten sind im Internet über
http://dnb.ddb.de abrufbar

ISBN 978-3-96027-115-4
© by Verlag 28 Eichen, Barnstorf 2019.
Cover unter Verwendung einer Fotografik
„Memento in Holz“ (2005/2019)
Olaf R. Spittel, © 2019.

Alle Rechte vorbehalten
Nachdruck, auch auszugsweise, verboten
Kein Teil des Werkes darf ohne schriftliche Einwilligung in irgendeiner Form (Fotokopie, Mikrofilm oder ein anderes Verfahren) reproduziert oder unter Verwendung elektronischer Systeme verarbeitet, vervielfältigt oder verbreitet werden

Muß man
zu den Irrungen und Flausen
seiner frühen Jahre stehen,
wenn man zur besten aller Frauen gefunden hat?

Dem verschleuderten Herzblut
und der Sorgfalt langer Jahre zu Ehren – es sei:
in schamvoller Rückschau
lasse ich die gebrauchte Schlangenhaut am Weg-
rand liegen und winke alten Kameraden Adieu.

INHALT

I. UMSCHAU

Normalität 11
Die Geigerin 13
Wahlen 15
Am Krankenlager 16
Sportnation 17
In der Morgendämmerung 18
Der Feind 19
Schließerlied (in drei Buchstaben) 20
Stubenappell 21
Die Stadt 22
Der Strom 23

II. EINER

Reminiszenz 24
Briefgeheimnis 25
Pennäler 26
Ärmster! 27
Euphorie 29
Die Großkusine 31
Bescherung 32
Krise 33
Weihnachten 1972 34
Die Siedlung 38
Die Großkusine zum zweiten 39
Frau Daum 40
Wolkenbotschaft 41
Überstarkes Vorbild 42
Ausblick 43
Projektion 44
Entwürfe 45
Erschütterung 46
Wunschverhalten 47
Altertümliches Etagenklo 48
Mangelnde Gefolgschaft 50
Ein Orden für Barbara 51
Verstand – Widerstand – Träumerei 52
Mittelmaß 53

III. NATUR IM HERBST

Ein Herbstabend 1973 54
Das Leben 57
Herbst 58
Der neue Lehrer 59
Auf dem Petrisberg 60
Der Stern 61
Der Weg 61
Prognose 62
Auflösung 63
Die Duftkünstlerin 64
Die Mutter 65
Mirjam 66
Mutter und Tochter 67
Stimmengewirr 68
Kurze Sätze 69
Sprachlos 70
Bei Davids Weggang 71
Kleist 72
Der Kuchen 72
Begegnung auf musikalisch 73
Antwort auf seinen Brief, darin er in Versform seinen Eindrücken vor *Tulpen Räder Züge Zeit* Hinweischarakter auf die Unendlichkeit der Seele und die Nichtigkeit der Dinge beimaß . 74
Gelegenheit 75
Unverbindlich 76
Langeher 77

IV. DIE BEGEGNUNGEN WECHSELN

Der Unbekannte 78
Die Rückfahrt 79
Der Aufenthalt 80
Lärm 81
Verstörend 81
Anonymität 82
Süße Wunde 82
Aufgewacht 83
Grauer Sommertag 83
Regenidyll 84
Weniger idyllisch 85
Trennung 86
Henri 87
Ein Januartag 88

V. MENSCHEN IN DER STADT

Lippenbekenner ... 94
Jägerpinte ... 95
In der Stadt ... 96
Zuhause ... 98
Jubilare ... 99
Früher ... 100
Neujahrsgesellschaft ... 101
Kalkulation ... 102
Der Kritiker ... 103
Rückschau ... 104
Der Großvater ... 105
Vorname – Nachname ... 106
Anna ... 107
Religionsstifter ... 108
Unterstellung ... 109
Vorher – nachher ... 110
Widerspruch ... 111
Cocktail-Test 5: „Sex on the Beach“ ... 112
Ein Brief ... 113
Warum? ... 114
Bachmündung ... 115
Martinsfest 1972 ... 116

VI. HEKTISCHE ZEIT

1 bis 25 ... 120

VII. FLÜCHTIGE SONETTE

Mechanismus ... 138
Gewissen ... 138
1 bis 24 ... 139
Der Tänzer ... 155
Aus dem Abstand ... 156
Von nahem ... 157
Die Unbekannte ... 158

WOLKENFARBEN – ein Leitfaden ... 159

I. UMSCHAU

Normalität

Du bist schick gestylt.
Du schmeichelst, um Lob zu ernten.
Du wirst zynisch, wenn es ausbleibt.
Du übst ungern
Verzicht.
Allenfalls
fürs
Prestige.
Du bangst um deine Existenz
je höher die Bilanz.
Du pfiffest auf Geselligkeit,
wäre da nicht
dieser Geltungsdrang.
Du schleuderst
Unsummen weg für deine Angebereien
und stehst Schlange
für die billigste Reise.
Von gleichen Dingen nur sprichst du, immer dieselbe [Platte.
Du trauerst um das Haar, das du verlierst
und nie kommt der zurück,
der du damals warst:
ein Feuerofen voller Begeisterung.

Dann die letzte Krankheit.
Du starrst die Wände an und wartest,

daß jemand dir die Augen öffne.
Es geschieht nicht.
Namenlos verfliegt weiße Asche
in zeit- und raumloser
Unendlichkeit.

Die Geigerin

Er stellte ihr auf ihre Hypersensibilität das Attest aus.
Er inszenierte Arzt und Patient.

Als es vorbei war, fiel ihm ein,
daß er sie wie einen Goldhamster behandelt hatte,
der
wirr im Käfig umherhüpfend
ihn aus flehenden Augen anstarrte
und er davor.

Als es vorbei war, fiel ihm ein,
daß er sklavisch ihren Wendungen
gefolgt war
bemüht
dem suchenden Blick
Vertrauen zuzulächeln und die Aufmerksamkeit der
Kranken von den Kerkerstäben weg
hin auf ihn den Heiler
zu lenken.

Als es vorbei war,
zürnte er dem Klammerblick
und zürnte noch mehr sich selbst
ihm dem
angeblich
Herrn der
Situation
nicht
Opfer.
Als es vorbei war, verschwieg er ihr,

daß es nicht Vertrauen war,
sondern der hinhaltende Wärterblick des
Arztes im Wissen
es nimmt ein Ende.
Daß sie im übrigen eine
abgetakelte Provinzgeigerin,
blöde Kuh, verzogenes Kind,
nicht auszuhalten
und überhaupt.
Er sagte ihr nicht,
daß ihre Liebe, die er nicht
erwidert, der Grund ist
seines zornzitternden Hasses.

Wahlen

’s herrscht Flaute an den Einsatzkassen.
Man setzt halt, totot halt so mit
und zockelt heim, gemach, gelassen.
Wer wäre heute Favorit?

Die Uhr rückt klebrig weiter, weiter.
Um sechse müder Fernsehstart.
Kein Favorit, kein Außenseiter,
nur alte Gäule, hart an hart.

Idol hat sich vorndrangesetzt
und hechelt, bis aufs Blut zerdroschen,
ins Ziel. Die Pumpe, überhetzt,
setzt aus, das Auge bricht erloschen.

Vom totgeschundenen Idol
herunter springt der wortgewandte
Jockey und mehrheitlich erkannte
Wahlsieger zu des Bürgers Wohl.

Am Krankenlager

Im fremden Raum zehn abgemeßne Schritte.
Dein über neunzigjährges Auge findet
sich nicht zurecht, dein Lallen bindet
die Worte nicht zur gern erfaßten Bitte.

Kaum trank und aß dein Mund in letzter Zeit;
seit Tagen nimmt er nichts mehr (hin und wieder
den Wasserschluck von Pflegerhand). Die Glieder
beschwert der Käfiggurt – zur Sicherheit.

Erlebst du morgen, unsern elften Tag?
Nimmst du noch wahr, daß wir die Liegewunden
nicht mehr verbinden, dich nicht betten,

nur schweigend dein Gesicht betrachten, das erst zag,
erst hilflos Mitleid weckte, das seit Stunden
die Schatten endlichen Verzehrtseins glätten?

Sportnation

Der Präsident beschließt die Tagung.
Das Parlament, teils in der Klause,
teils unterwegs im Jet nach Hause,
verfolgt die Fernsehübertragung.

Im Kasten mit dem Rasterbild
vergießt die Russin Freudentränen.
Der Deutschen Wunsch zerschwimmt im Wähnen
nach Noten, die er heftig schilt.

„Skandal! korrupt! Partei!“ verhöhnt
er die Vergeber der Medaillen,
nennt sie bestochene Kanaillen:
„Was hat der Ruski euch gelöhnt?“

Die junge Volksvertretung klügelt
nicht lange. Unschuldsvoll und nett
stellt sie vors Fernsehn Korb und Brett,
ein heißes Eisen drauf und bügelt.

In der Morgendämmerung

Ich träumte deine vollen Wangen
gläsrig benetzt: es war du meintest,
schon seist du, nun du, zwoundachtzig.
Fast schien, Großmutter, daß du weintest.

Und plötzlich warst du ausgemergelt,
lagst wortlos auf verschwitztem Linnen,
dein Auge offen, schmerzvertieft.
Dann sprachst du wirr und schienst von Sinnen.

Ich wurde wach: Kommandorufe,
drauf ich mich aus dem Feldbett schwang.
Mir wurde bang. Mir war, als stünd dein Fuß
schon jetzt auf einer letzten leeren Stufe.

Der Feind

Die letzte Stufe ist kein Lachen,
nur ein verzogner Mund im Licht;
der ungeplante Sturz vom Wachen
ins weite Niemandsland, ins Nicht,
gespenstisches Darniederliegen
(zum Abfall wird der Schönheitstraum),
ein Fleischberg, auftrainiert zum Siegen,
von Blut besudelt, Kot am Saum.

Ist's seine Freundin, die die Straßen
entlangirrt, ahnt: im Minenfeld
geschah's? in Trümmern ohne Maßen
die magre Alte, die statt Geld
ein Erbstück gegen Zigaretten
tauscht, seine Mutter? Plötzlich zuckt
ihr Blick. Sie sieht aus Flammenbetten
ein Trugbild winken, das sich duckt.

Die letzte Stufe ist kein Lachen,
nur ein verzogner Mund im Licht,
der ungeplante Sturz vom Wachen
ins weite Niemandsland, ins Nicht,
gespenstisches Darniederliegen,
zum Abfall wird der Schönheitstraum,
hinfällig Sorgen, Lieben, Siegen,
ein Klumpen Kot im öden Raum.

Schließerlied (in drei Buchstaben)

Der Tag war rot
und Uli saß.
Was man ihm bot?
Oft war das Aas.

Nah lag der Hut,
der war ihm hin,
und nur der Gin
tat Uli gut.

Man jag ein Gnu,
kam ihm ans Ohr.
Das zue Tor –
Mac Key hat Ruh.

Der Tag war rot,
das Gnu war Aas,
Mac Key war tot,
und Uli saß.

Stubenappell

Hektikgenährtes Schrubben von Fenstern, Fliesen,
[Wänden, Waschbecken,
Aufpicken
weggeschnippter Kippen
aus Pissoirs, Auskratzen festgepappten
Kotes. Sorge
festgehalten zu werden, dableiben zu müssen
in diesen Räumen, die durch das Schreien der Fähnriche
in null Komma nichts
zu Gefängnissen werden,
Heimatsehnsucht, die provoziert
und von Feldwebelfüßen getreten, Schweiß,
der in dem Heben eines
durch den Abfluß streifenden
dünnbefilterten
Zugführerfingers nichtig, Wut, die entfacht wird
und zugleich unterbunden.

Ihr steht daneben, eingepfercht in den Zwinger
einer hündischen Dressur.

Doch dann: Rührt euch!
Wochenendurlaub!
Und dann verdrängt ihr euern Groll
über die frühe, taglange Rückreise von Zuhaus
mit den Inhalten nervös verschlungener
Romane. Dann schlaft ihr gierig
zweieinhalb Stunden bis zum Wecken.
Morgen soll der neue

Leutnant kommen. Er will
eine Hand über euch haltend
auf einzelne Schutzmulden zeigen.

Die Stadt

Gleichgültig glänzt und spiegelt der Asphalt
den Strahl der bleichen Sonne. Gas, von großen,
vergilbten Türmen schleichend ausgestoßen,
erfüllt die Stadt mit tötender Gewalt.

Noch scholl vom Tritt ein dumpfes Intervall,
noch drängten dumpfe Menschen an den Kassen.
Doch dann war's schweigend Stillstand. Raum mit
[Massen
nicht registrierten Falls. Kein Tickerhall.

Noch einer regt sich, vorn, am Kraftwerk, richtet,
den Blick zur Armatur gewandt, im Tran
sich auf, reißt ab, die nicht mehr retten kann:
die Maske. Stadt und Leben sind vernichtet.

Der Strom

Der Strom, der Schlacke beugsam, riecht. Es hämmert,
Verfremdung klopft. Ein dumpfes Telegramm,
zum Schlackenstrand gespült, zergeht im Schlamm,
Resignation des Wassers, die jetzt dämmert.

Die Illusionen sind im Rost der Tanker
und Ausfluß jener Monstren mit den Essen,
sind in dem Sterben eines Fischs vergessen,
ein Lied erstickt am ölbeschmierten Anker.

Und die veralteten Prospekte wendet
scheu blinzelnd zu dem Strom hinab der Boß;
Zur schönen Aussicht, liest er, Staufenschloß.
Und der verseuchte Liftboy schwankt und endet.

II. EINER

Reminiszenz

In nachsommerlichen Nächten,
wenn ein mildfeuchter Wind weht,
in lauer Temperatur
beim Bummel durch verlassene Straßen,
da such ich alter Empfindung Spur.

Da geh ich Wege, die ich,
als ich noch in frischer Liebe
voll Hoffnung war, gegangen.
Da denk ich an alte Liebe, an die mich
nichts mehr so recht erinnert.

Da folg ich beruhigt, schwerelos, geschwind
dem Schimmer der Lampenreihn
und sauge das reinigende Nieseln
in mich ein.
Da laß ich die Glieder umrieseln
leis strömend, frischend, gelind.

Da atme ich, rieche und fühle
an Händen, Gesicht und Ohren im Regen
alte Erinnerung,
da verlier ich,
statisch im bloßen Wiederholungsspiele,
die Lebendigkeit,
und tot erscheint
die jetzt weggeschwemmte Vergangenheit.

Briefgeheimnis

Wo sind die Tyrannen, die die Briefe aufbrechen?
Vorbei am Pfiff des Geschwätzes rattern
Container frankierter Briefe.

Die Postboten sollen zuverlässig sein
und die Vermieterinnen sollen wissen
ihre Neugierde zu überwinden.
Die Eltern sollen gelernt haben
ihre Kinder nicht mehr nach den Partnern
ihrer Telefonate und Briefe zu fragen.

Nur wenn Gewicht und Format nicht stimmen,
gibt es sogenannte Strafgebühr.
Die Frage nach dem Porto
ist mitunter alles,
was nach drei Monaten Bekanntschaft
übrigblieb.
Aber selbst dann wird das Postgeheimnis gewahrt
in den Paketewagen,
die die Entfernung zwischen dir und mir
in anderthalb Tagen bewältigen.

Doch heute magst du getrost plaudern
und die Antwort andern erzählen.

Pennäler

Das Wünschen hatte aufgegeben,
was die Entfernung blich.
Am Tag aufschießenden Sehnens
und neuausbrechenden Wähnens
da wieder seh ich dich.

Ich kam von einer jener Proben,
die ich gern von mir schiebe;
das andre Trottoir gingst du lang,
erblinzeltest Augen, die ich nicht zwang,
und ich meinte, daß ich dich liebe.

Klopfenden Pulses schob ich weiter,
imaginierte Nähe, die nicht war,
den Tisch, die Schüssel, die rote Grütze,
aufbehaltene Schottenmütze
und fettiges Strähnenhaar.

Was war's, weshalb ich hundert Straßen messe
und weder Adresse
noch Namen kenne,
im Fall daß ich dich träfe
es dir mitzuteilen?

Verwaschene Reflexe.
Reste aus ausgehöhlter Schläfe
in zerflatternden Zeilen.

Einem Pennäler.

Ärmster!

Unruhe. Hast.
Alles drängt mich,
beengt mich.
Ich fliehe eine gewisse Strecke
zu einer Wohnung, zu deiner, hin.

Zwischen uns ein Telegrafenmast;
hinter der Hecke
tastet mein Blick,
doch bringt er mir
nicht Gewinn.
Ich eile zurück,
ohne die Fensterstürze
lang besehen zu haben.

Was hab ich wollen? Mich laben?
Woran? Bei der Kürze!
Wenn nichts, niemand
am Glas, hinter der Gardine
sich regt,
nichts als eine Biene
kreist, taumelt, sich legt?

Kam aus dem schattigen Fenster dort
versagter, verjährter,
abgestorbener Empfindung
kein müder Blick herüber?

Was, was bleibt jetzt noch über?

Später stürzte ich auf ein Knie,
unromantisch total,
vor einer Waschmaschine,
im Keller. Heulte,
ging unter im Greinen
auf meine Hände,
auf ein paar geknäulte
Wäscheleinen;
mit Fingerdruck gegen die Nasenwurzel
dämpfte ich das Grunzen meiner Tränen
und verhinderte
den Verrat der Wände.

Das linderte,
pumpte mich voll
mit Beruhigt-Wähnen.
Ein Quäken, das aus mir wich,
gab ein Lebenszeichen
und Hektik uns beide,
den Traum und mich,
mir heute Minuten wieder.

Während ich leide,
den Brustkorb von Bewegung toll,
will das Leben wie damals
bunt und blümerant erscheinen.

Euphorie

Die letzten Lampen verlöschen im Foyer;
städtisch matt blinkt das All.

Ausgeschaltet der Scheinwerferstrahl,
abgetreten von der Bühne des Scheins der Chor,
im Graben versenkt das Klavier der Begleitung.
Verklungen das lärmstarke Klatschen der Hände,
doch unverklungen das Verlangen, dir zu sagen
„Ich bin scharf auf dich."

Die Zahl der Blumensträuße,
das schlecht geprobte Verneigen,
das viel zu ofte Spielen des Vorhangs
debattieren sie nun an den Tischen.
Doch keine Note kann übertönen mein Verlangen,
zu hören von deinen verschmitzten Lippen
„Ich bin scharf auf dich",
die Gier,
deine Rippen mit meinen Armen zu quetschen,
still zu sein und zu wissen und tiefinnen zu hören,
nach all den großen Tönen,
die große Pause vom großen Glück.

Wo steckst du?
Bei den andern und fern.
Das schweigende All.
Doch Rauch umgibt dich
und Bier und Geplärr.
Was erzählt ihr?

Wiegt euch im Rauschglück!
Spätestens morgen
ist jeder Angeber
wieder mit sich.

Die Großkusine

Sie hatte starken Körperbau
und feierte sehr gerne und viel.
Am Morgen starb sie, die gute Frau.

Sie war zu korpulent,
selbst für ihr Alter;
jeder warnte sie, der sie kennt.

Sie brachte es fertig, in knapp zwei Wochen
um mehr als neun Pfund zuzunehmen;
sie lud viel Besuch und konnte gut kochen.

Ich seh sie noch vor der Kirche stehen:
„Soll ich mich operieren lassen?“
Ihr Ausdruck war halb verschmitzt, halb Flehen.

Gott schickte sie wieder heim und sie stand sich
[selbst vor.
Sie führte den Haushalt noch durchaus rüstig.
Jetzt klingt uns das Martinshorn im Ohr.

Kunde von Toten berührt jeden.
Wer gestern noch grüßte, wird heute begraben,
am Abend wird Hinz nicht mehr von dir reden.

Sie, die still und diskret uns verläßt,
war sie jemandem wichtig?
Ihr Tod stört wenig beim morgigen Fest.

Bescherung

Wenn dir ein Kind begegnet
im scharfen Wind ohne Mantel
ein neues Zweirad insichversunken lenkend,
es ist beschert.

Wenn die Jugendliche vorbeihuscht
auf Rollschuhen
linkisch noch aber frisch einherpendelnd
in der ruhigen Straße,
sie ist beschert.

Ein alter Bekannter hat,
in Erinnerung
an frühere schöne Gesten,
soeben,
ohne dein Spiel zu unterbrechen,
ein kleines Geschenk aufs Klavier gelegt,
dich mit forschendem Blick gestreift,
sich abgewendet,
gezögert,
sich entfernt.

Krise

Mein Schädel dröhnte leer von Reflexion
und leer von Kunst, daß ich ihn, als ich ging,
fast mit der Faust gedroschen hätte. Qual,
die sich in Unrast äußert, sprach mir Hohn,
mein Blick, an dem nicht ein Gefühl mehr hing,
war tot, mein Lächeln ausgelebt und schmal.

Da kam dein Bild mir. Lauschend liegt mein Arm
an deinen Schultern, denn du sprichst, dein Schal
birgt zart die Hand, an der der kleine Ring,
der silberblasse, blinkt. Du sprachst so warm
und in mir glomm ein Strahl.

Weihnachten 1972

Kaum trüber als im Sommer, greller etwas
und gleißender der Wintertag.
Erwartung steigt.
Ich seh die Trottoirs und Häuser
sich sonnen.
Ganz Ruhe herrscht.
Kaum Menschen gehn gleich mir
den Sonnenweg entlang.
Man ruht jetzt in den Häusern, ißt den Nachtisch,
die Kinder schwärmen von Bescherung,
von Heiligabend. Kaum ein Auto, das am Mittag heut
den Frieden bräche,
kaum junge Leute, die von Schulzeit plaudern,
ich geh vorbei, kein Zeichen heute weihnachtlich.

Daß mir sehr kalt war,
vergesse ich. Ich zittere nicht mehr.
Ich schau hinauf ins Blau von Sommersüden.
Lang schien der Himmel meiner Stadt nicht mehr
so klar und leuchtend!
Die helle, kaum befleckte Kraft
strahlt wie ein südlich stilles Meer.
Nur streift von Norden, wellig unterbrochen,
heller Kondens nach hier, zerfasert,
dem Leuchten eines Feuerwerks vergleichbar, langsam nur,
und löst sich auf,
Kälte hemmt
die Massen der Luft,
macht ihre Kräfte träg.

Rechts, hinterm neuen Brückenkopf,
im Hintergrund, von frischem Reif bestäubt
der Berg. Da fließt das Meer in Dunst,
in Nebelfröste unverfolgbar ein.
Vereinzelt streuen Häuser sich,
umreift und klar, bemerkenswürdig klar
am Hang. Die Kuppe säumt die Siedlung,
sich sonnend schon ein Dunstland.
Dort muß, am Rand zum Tal, ins Tagesall
hinauf, der Atem frostig sein.

Kleinstädtisch liegt die Straße heut.
Nur selten kommt ein Fahrzeug mir entgegen
und überholt ein Bus; ein Mann mit Kindern
begegnet mir.
Der Stadtrand gleicht
zur Zeit der Festtagsessen einem Dorf.
Kein Zeichen weihnachtlich,
das Spitzdach der Kapelle nicht, das glänzt,
der Hauptverkehrsweg nicht, der sonnegleißend sich
davor entlangbiegt,
die Kneipe nicht, draus Männer lachen.

Flußaufwärts, hinten, Hänge.
Kaum zarteste Konturen, wo zu
mäßigen Höhenrücken sie sich staffeln.
Ich könnte eine Burg ersinnen,
die auf dem ersten Abhang stünde,
umhüllt von Feuerqualm, ihm trotzend,
und ein Gehölz, aus dem
die Schwaden Rauchs entwichen.

Der Fluß biegt dunstverhangen,
du weißt ihn, doch du ahnst ihn nicht,
und hinterm Stauwehr reflektiert,
dem Auge kaum erträglich, dampfig gleißend
die wintergrelle Glut.
Wie wenn sie alle Farbkontur verschlänge
und doch ihr Gold zugleich
in Dunst und Nebel sprühte.

Und drüber, hoch, entwickelt sich,
wie Meeresfels, zerklüftet wie von Muscheln,
fossilienhaft, gestreift wie wenn
von Wogen ausgewaschen,
ein weißliches Gewölk.
Das Wasser weiter abwärts aber schimmert bläulich.
So klar strahlt hier der Himmel.
Lang spiegelte der
Fluß meiner Stadt nicht mehr so rein und deutlich:
die Uferbäume, hingereiht
in Gruppen längs der andern Seite,
die alte Villa, Hallen, das Fabrikgebäude,
die Telegrafendrähte, die hinüberleiten …
senden sie nicht dem Fluß
geheimnisvolle Nachricht,
so daß er, schwach elektrisiert,
von schwingt:
„Du Fluß, der alles spiegelt,
dein Lauf ist wie ein Sommerlauf“?

Geruch von Humus,
vom Berg dort hinterm Brückenkopf,
imaginär,
im stillen Ringen zwischen Frost und Tau –

über der Siedlung
dunstet das Tagesall.

Ich überquere
die Straße, wo Motoren
belanglos kleinlaut rauschen.
Ich gehe durch
die hellen Häuserreihen.
Beweisen sie mir nicht,
daß sie den Sommer kennen?

Die Siedlung

Ich fahre mit dem Rad den Fuß des Bergs entlang. Mütter erzählen über die Straße hin, rufen, in einem ordinären Dialekt, Kindern. Männer stehen breitbeinig vor Haustüren. Ein altes, lahmes, unzureichend gewartetes Moped, in abgetragener Montur ein Jüngling darauf, rattert entgegen. Auf der Straße, die von fünf ärmlichen Bautenreihen gesäumt wird, spielen mit einem schlaffen Ball, für den sie keine Luftpumpe haben, Buben.

Einer hebt ihn auf, raunt dem anderen zu. Wird das Stück auf strampelnde Beine fliegen, in blinkende Speichen geschleudert werden?

Gedanken steigen hoch. Obwohl du es aufnehmen würdest mit denen … Doch mit der Siedlung, Frauen auf Straßen, Männern vor Hausfluren?

Dann … näher hinblicken, besehen, bewundern möchten die Buben! Keine Aggressionen gegen dich. Bloß ein Wunsch … der aufgrund der niedrigen Einkommen hier nicht erfüllt werden wird … ein ähnlich schönes spritziges Stadtrad besitzen!

Schon entziehst du, weiterfahrend, ihnen den Gegenstand ihres Fernwunsches wieder.

Warum diese beengenden Wohnungen von der übrigen Stadt getrennt? Warum dieser Kinder Welt voller Verlangen doch ohne Neid von deiner Welt entfernt?

Die Großkusine zum zweiten

Du bist kaum fort, und nichts bleibt von dir wohnen.
Sie reißen alles runter, die Tapete,
die Drucke von der Wand, tun unversehrt
die Schale mit den schimmelnden Zitronen
und all der Fäulnis, die die Zeit verwehte

zum Müll. Ein Klempner kommt. Dann kommen Erben.
Dann kommt ein Mieter, gräbt die Blumenbeete,
die Sorgfalt hegte, um. Weil nichts mehr wert,
trägt er den vollen Eimer zu den Scherben
und läßt ihn liegen, achtlos, unentleert.

Frau Daum

War ein lieber Mensch.
Steckte den Kindern etwas zu, wenn sie anpackten
und Rede und Antwort standen. Gab
aus Wohlwollen. Verschleierte
die letzte Krankheit
hinter der von niemandem geglaubten
Wende und der kräftigeren Gesichtsfarbe
ihres vorletzten Betts.
Während des kurzen
Gnadenurlaubs
zeigte sie Angehörigen die Stadt,
die jetzt das Begräbnis regeln.

Keine Ehrenmitgliedschaften. Die Anzeige
entfällt, da auch ihr Mann
keine Würden besaß. Bedauert werden
wollte sie nicht. Keiner gab ihr
die Achtundsiebzig. Die Morgenstunde
nahm sie ihr ab
in einem sachten Schlaf.

Wolkenbotschaft

Und hat er seine Schreibhand ausgeschwungen,
das Briefkuvert frankiert und gut verschlossen,
wählt er die alte Post zur Partnerin.
Sie trägt sein Lob und seine Lästerungen,
Vernunft, Vermutungen durch Gassen, Gossen,
Spielstraßen wohlgestempelt zu dir hin.

Du weilst in Bremen. Deine Frau weiß Rat.
Sie hebt's zwar auf, als glühten Kohlen drin,
doch läßt sie's tapfer, ernsthaft!, ungenossen:
sieh selbst, du flatterhafter Adressat!
Was bringt die Wolkenbotschaft dir? Gewinn?

Überstarkes Vorbild

Papierweiß böte Überlebensstätte
und Skizzen überdauerten den Tisch?
Du rackerst redlich, liebend künstlerisch
um eine Handvoll fraglicher Sonette.

Wirst du es finden, das, was die Schablonen,
die jeder kennt und anzulegen weiß,
mit Glück umschifft? Du dümpelst Kreis um Kreis,
entruderst du dem Kurs der Epigonen?

Das Was und Wo scheint immer schon gesagt.
Und schreibst du nieder, *wie* du fühlst und denkst,
steht's bei Conrad Ferdinand Meyer da.

Du schiffst im Teich des Meisters ungefragt.
Du sprichst dir selbst das Urteil, wenn du schenkst.
Er zwinkert dir vom Grab aus zu: „Beinah!“

Ausblick

Was kam mit mir ins neue Jahr?
Ein schwelender Entschluß.
Ein Brief, der abgespeichert zwar,
doch einer Antwort harren muß.

Dann ein Versprechen, unerfüllt
von dem, der mir's vor Wochen gab.
Von Januarnebeln reifumhüllt
liegt vis-à-vis ein frisches Grab.

Doch werde ich an Neigung denken
dort wo man meinen Brief empfing,
Besucher wünschen jenen Bänken,
dahin mir ein Versprechen ging!

Kein Wähnen, das von einem Wort erglimmt,
nichts ungegründet, was ich dachte,
nicht nur das Übel klar bestimmt,
das Anna unter die Erde brachte!

Projektion

Schon Dunkelheit. Wolken; drin die schwachen,
einschläfernden Geräusche der Gleise.
Gerad verläßt dein Zug Marburg.
Du lehnst aus dem Fenster, kalte Luft
erfrischt dein mattes Gesicht, es träumt.

Wie kannst du alles das verzeihen?
Drei Monate kam ich nicht entgegen!
Zu spät! Verlaß Braunschweig!
Du bleibst? umarmst mich? sprichst mir zu?
Du hast verstanden, wir wollen besser sein?
Ja, immer besser müssen wir werden!

Noch in Gedanken betrittst du deinen
spätnächtlichen Bahnhof. Alles leer:
nicht *kennt* der Freund Braunschweig.
Du schmunzelst und nimmst das Taxi zur Kaserne.

Entwürfe

Was fang ich mit den Briefen an, die sich
als lose Blätter im Privatfach häufen?
Hans schicken? Letzte Woche schrieb ich Hans …

Die Kunst des Mitleids mit dem Ding an sich
hat Kurt mich nicht gelehrt. Mitleid tut not:
ich faßte dran und wäre nicht mehr träge …

Ich grüble vor mich hin und winde mich vor
verschloßnen Türen … Paul? Nicht lange wirken
Gespräche mit ihm nach. Ich lächle: Erna

drang in mich, zu ihr hinzureisen, pries die
Befruchtung ihres Plauschs: mit dem „Genie des
Klaviers“ … Das möchte Wolkenbriefe tauschen.

Erschütterung

Der Zynismus des am Käfig Stehenden
versteint im Wärterlächeln über die
Zuckungen des
zappelnden Tieres.
Der Zynismus des Tieres
ist ein anderer, unbewußter.
Erna, die Geigerin,
als sie die Absage des Pianisten
erhielt, wurde von einer
Erschütterung
heimgesucht. In einer Notiz
verglich sie die Erschütterung
mit der Erschütterung, als sie
die Nachricht vom
Tode ihres
Mannes
erhielt.

Der Tote zählte nicht.
Nur die
Erschütterung.

Wunschverhalten

Dich verteidigen heißt
deine Wahrheit verteidigen gegen das Klischee,
das andere von dir haben, von dir nicht geschaffen,
von dir nicht gespeist.
Oder heißt dich verteidigen nicht eher
deine Ruhe verteidigen, das Klischeebild akzeptierend
und neue Klischeebilder schaffend?

Ein Psychologe und Musikliebhaber bekannte freimütig,
daß er *Das Liebesverbot* nicht kennenlernen wollte,
um die Richard Wagner-Imago, die er an
Tristan und Isolde gewonnen
hatte, nicht zu erschüttern.

„Jesus liebt dich“,
lese ich auf einer Autowindschutzscheibe.
Liebt er mich?
Liebt mich, von dem ich Liebe
erbange?
Liebe ich Erna, die abgetakelte Ziege von neulich,
die meine Aversion gegen sie
übersah, weil meine Aversion gegen sie
nicht
in die
Imago paßte, mit der sie ihre
Einsamkeit
kompensierte?

Altertümliches Etagenklo

„Dieses ist ein Ritus!“
insistierte Vitus.
Lang schon saß er, fror und las,
was ein Mammut kürzlich maß.

Nun kam von selbiger Etage
ein Nachbar tobend und in Rage
zur festverschloßnen Tür.
Für deftge, langgezogne Bräuche
und lahme, halbgeleerte Bäuche
hatte der kein Feingespür.

Doch Vitus trug in Denkershänden
den Kopf und wollt nicht enden.
„Es wird“, er dacht, „mein Hintern
mir auch noch überwintern.“

Der Nachbar schimpfte, fauchte, stampfte.
Sein Zorn war brausend aufgestaut.
Und innerlich das riß und krampfte,
na was schon: Sauerkraut.
„Ich geb“, er rief, „dem leidgen Tropfe
entledigt bittre Klopfe!
Er kommt noch raus aus dicker Luft
und knuffig arggewordnem Duft!“

Doch nichts tat Vitus, nur: er schwieg.
Er glaubte fest an seinen Sieg.

Indessen zauste Sturm die Blätter.
Die Bäume knarrten in Wind und Wetter.
„Die Tür“, rief’s draußen, „werd ich schmeißen,
selbst wenn dabei die Därme reißen.
Komm raus!“ Bei all den Angreiferwirrn
verrunzelt Vitus nur die Stirn.
„Der wird“, er dachte, „wieder schleichen,
von der Belagerung noch weichen.
Wie ungeduldig Menschen sind!“
Um Vitus’ Därme pfoff der Wind.

Auf einmal knallt’s: der Nachbar krachte,
und Vitus, wie der war, der dachte:
„Warum der bloß nicht draußen machte!
Des stillen Orts Institution
dient leider einem nur als Thron.
Wenn vorn und hinten auf der Brille
hier in idyllisch ruhiger Stille
und rechts und links vier Mannen drücken,
ich glaub, die Brill in allen Stücken
wird reißen, splittern, nichts wird glücken.
Der Nachbar wäre nicht geplatzt,
hätt er sich draußen hingesatzt.“

So sprach Vitus nebenbei,
sprang auf und machte frei.
Nahm denn auch sein Ritus
ein Ende. So war Vitus.

Mangelnde Gefolgschaft

Der Stempel hängt ihm an wie ein Magnet.
Sie nennt ihn standhaft ihren ältesten
und allerbesten Freund und drückt beredt
die feuchte Hand auf seine Schulter. Wen

beeindruckt sie mit dieser Geste nicht!
Und wenn er sich zurückzieht, nennt sie's Pflicht.
Was er auch anstellt, der Superlativ
klebt ihm am Schuh wie'n Geist, den er nicht rief.

Wie soll er jemand anderen als sie
noch gleichhoch schätzen, wenn sie sein Genie
mit Krakenarmen mit Beschlag belegt,

wie soll er frei nach Situation
und Zeit die Wahl entscheiden, wo sie schon
omnipräsent das Wächterauge regt?

Ein Orden für Barbara

Der Weltenlauf geriet jüngst aus der Spur
für Babs, die alte Babs, in der Partei.
Nach all der lebenslangen Ochsentour
glatt abgewählt, acht Stimmen gegen drei!

Dem Strippenzieher gibt sie Hausverbot.
Das bringt sein Weltbild ziemlich aus dem Lot.
Doch nicht für lange. Babsi kriegt 'nen Preis:
für alten, treuen, nimmermüden Fleiß.

Er führt sie vor mit Pomp und Protokoll,
reicht die Versöhnungshand mit einem Strauß
von roten Nelken. Seine süße Pracht

läßt Feindschaft schmelzen und Rivalengroll.
Sie torkelt trunken aus dem Saal hinaus,
blickt hoch. Die Sterne leuchten. Kalte Nacht.

Verstand – Widerstand – Träumerei

Vereinigt euch, Betrogene der Welt!
Steht gegen eure Unterdrücker auf:
die Macht der Lobbys und das Bankergeld,
die Medienwirtschaft und den Meinungskauf,

das Forscherhirngespinst im Priesterrock,
den Klüngel-Abnick-Kurs im obern Stock;
die Mythenschaffer-Selbstgerechtigkeit,
das Rattenfängerwesen unsrer Zeit.

Wer heilt, hat recht, auch ohne Promotion!
Wer klug ist, bleibt's auch ohne Abitur!
Wer hinblickt, wird nicht länger blöd begafft!

Borniertheit spricht Vernunft nicht länger Hohn!
Der Kahn gerät aus seiner falschen Spur
durch Wellen, die das alte Weltmeer schafft!

Mittelmaß

Ich stand an reger Straße meiner Stadt.
Die Lichter grell und Menschen drunter gingen.
Nachklang aus einer Tanzbar matt
Klaviergespiel und schlagerdumpfes Singen.

Mir war doch am Theater eine Stelle,
ein kurzer Auftritt fünfmal monatlich,
ein sichres Geld aus nur zu dünner Quelle.
Doch war ich unstet. Ich verdrückte mich.

Man bot mir Tätigkeiten, die nicht recht erfüllen.
Das Publikum, das da vorüberschweigt
im grellen Licht, das soll mein Ziel enthüllen!

Doch nein. Es lächelt süffisant zum Glücken
der großen Würfe! Und sich Durchschnitt neigt,
um langsam unter sich mich zu erdrücken.

III. NATUR IM HERBST

Ein Herbstabend 1973

Die Straße beginnt breit, unbefahren und unfertig. Ich biege ein.

Es überlegt sich mühsam, was in einen Brief an einen Menschen, der mir Freund hätte sein können, hineingehört. Ich möchte Fragen nach dem Wesen unsers Verhältnisses berühren und kleiden in diese dunklen, frühabendlichen Herbsteindrücke. Formulierungen suche ich, wie begründen, warum er ausgerechnet jetzt ein Lebenszeichen von mir erhält.

Wie seltsam doch die Stimmung, die von diesem verhangenen, mäßigkühlwindigen Montagabend auf mich ausgeht, anheimelt! Darin verwirrt den Nachsinnenden ein „Guten Tag" allzu sehr, das ihm ein Kind mit klarer, entschiedener doch zugleich auch zaghafter Stimme vom Rand der Straße zuruft.

Was bedeutet das Treiben da im Sand, der von der Baustelle übrigblieb? Das Treiben dieser ungewissen Andeutungen dort meine ich, die schon gelernt haben müssen, daß andere ebenso ungewisse Gestalten in ihre Welt eindringen, sie stören, sie wegnehmen?

Ich sehe mich von einer verborgenen Herausforderung bedrängt, oder ich habe verlernt, versäumt, was weiß ich, die Unbefangenheit, die solch einen Gruß vielleicht in Wahrheit zeugte, herauszuhören.

„Mich plagt das ungute Gewissen des unverhofften Eindringlings“, schießt es mir durch den Kopf. Oder erschrickt mich eine Gemeinsamkeit mit dem Spiel früh abbrechender und nach Haus eilender Kinder: die Scheinwelt ausgedachter Verhältnisse?

„Guten Tag“, sage ich. Doch es gelingt mir weder so freundlich, wie ich es wünsche, noch mit der Sicherheit, die mir anstünde.

Ich ahne schon, ich werde keinen Brief heute mehr schreiben. Auch nicht das mit dem Herbstwind, den Kindern und dem Sand.

Auf einmal fällt mir auf, daß die Straße noch nicht abbricht. Sie führt weiter, und was mich mit einem Mal so wundervoll erleichtert: wie breit und eben sie ist. Kein Stein, an dem anzustoßen, keine Markierung, die ablenkte, kein Teppich- oder Waldgrund, der zum Verweilen aufforderte. Und daneben das unaufdringliche Halbdunkel: Lichterreflex vom mageren Lampengewirr dieser matt und dürftig beleuchteten Kleinstadt.

In einiger Ferne lockt dieser Fleck. Dort läuft die Straße aus und macht den Blick gleiten in Landschaften vorsintflutlicher Fantasie.

Warum bemerkte ich die Häuser nicht? Stehen sie zu weit überm Ort, blickend übers Mittelgebirge, selber Anteil daran? Heimlich Fenster, schemenhaft in Dunkel gehüllt, dazwischen gardinenverhangen gelbes oder rotliches Leuchten: Vereinzelung der Zimmererhellungen. Die Einsamkeit der Straße springt hinauf und läßt auch die Häuser einsam erscheinen. Doch sie werden noch verlassener und abgetrennter sein, wenn die Straße einmal belebt ist, den Zugang zum Ort in einer andern, eigenen Gerichtetheit des Ablaufs erschwerend.

Ich beneide die Häuser nicht, obwohl sie mich anheimeln in ihrer vorhängerotglimmenden Wohnzimmerbehaglichkeit. Nur dem einen Licht, dieser einen Helle gefolgt, dieser Ferne, wo die Straße mündet und die Höhenzüge zusammenfinden!

Du wohnst hundert Kilometer jenseits, und ich will dir einen Brief schreiben, um dir meine Sympathie anzuzeigen und ein Treffen zu arrangieren. Dieser Flecken heißt O. und du lebst in B. Drei Monate waren wir in derselben Ecke gebunden. Meine Zuversicht wächst, daß wir diese Gefühle teilen und die Häuser nicht beneiden. Nur dieser Helle folgen wir, wo alles zusammentrifft, Fülle, die uns die Formulierungen finden läßt, Schwingungen, einander zu erfassen und das, was uns miteinander verbindet.

Doch dann war alles mit einem Mal zu einem Kampf geworden, Kampf gegen die Aufdringlichkeit einer Lagerhallenbeleuchtung. Links, hinter einem Vorsprung, trat sie hervor, blaugrüngrell, hartnäckig, starkes Anspannen an den klingenwollenden Saiten meiner Geradeausgerichtetheit. Sollte ich mich nicht auf einem Riesenadler sehn, der den Kopf zur Sonne, jener Himmelshelle dort, hinabsenkt und sein gebeugter Hals die Mulde, wo die Höhenzüge wie Schwingen zusammenfinden, jeder Flügelschlag eine Unendlichkeit? Sollte ich mich nicht mit dir inmitten einem Urstromtal finden, staunend, Beobachter eines entspringenden Morgens, dem Boten einer noch unberührten Zukunft unter bewölktem Urhimmel?

Ich gehe weiter, gestachelt vom künstlichen Blitzen, dank der Breite und Unbefahrenheit der Straße ohne den Schritt achten zu müssen. Immer mehr zersetzende Strahlung aus der jähharten Helle der Lagerhalle.

Und endlich die Markierungen des abrupt endenden Straßenabschnitts: Signal zur Umkehr. Etwas wie ferne und doch nicht so ferne Realität: in der Mulde eine Riesenautobahn, unsichtbare Massen fernelautloser Fahrzeuge, ihr Lichtstrahl tausendfach reflektiert im Smog, und darüber jemand.

Oder etwas.

Oder nichts.

Das Leben

Es fängt an. Hört auf.
Dazwischen Geräusche und ab und zu Töne
aus den Geräuschen herausgenommen –
lichte Augenblicke wo du glaubst
zu begreifen.

Herbst

Herbst ist so bewegt
wie Kastanien,
die um deine Füße prasselnd schallen,
ist wie Blätter herb,
die in Stürmen
niedertreiben rascheln zerfallen.

Herbst – er raunte zu
Friedhofslichterstimmung.
Flüsterte, trieb zum Wandern dich hinaus.
Schüttrer Allee-Bäume Regung
hast du im Sonnenklar
aufgesucht.

Wie den vollen Geschmack der Topinambur,
die du heute ausgrubst,
schüttet er reiche Ernte aus
eh der Winter sie
zurückverlangt.

Hintenhinaus die Freunde, schlafend. Es ist Mitternacht.

Ein Schnitzer, Erregung, unsinnig. Sie wollte ihrem Mann eine Freude bereiten, mit einer Überraschung. Doch er liebt das nicht: Überraschungen. Sie fühlt sich im Recht und schmollt, da sagt er, er liebt Überraschungen doch, aber heute nicht. Wenn er Überraschungen liebt, so sie, wird er sich morgen, weil er die Überraschung ja kennt, dann auch nicht mehr freuen. Darauf er, er könne jetzt keinen Streit gebrauchen. Da bricht sie in Tränen aus. Sie habe es so gut gemeint, aber immer mache sie alles falsch.

Auf dem Schreibtisch unter der Schwenklampe, die dir Erna und Richard an Weihnachten schenkten, ein Buch. Der Deckelentwurf eine Zeichnung: das „Rosenhaus“. Dort liegt das Buch, über das du referieren sollst. Darin ein Konzept, das du durchgeackert hast. Stunden von Anstrengung. Stunden von Ermüdung. Ungemessene Stunden. Zweifel an deinem Beruf: Arbeit für eine Bande desinteressierter Schüler.

Dann schreibst du Zeilen wie diese auf, was niemand weiß, und ziehst dich aus, was niemand sieht. Dann löschst du’s Licht überm Schreibtisch, niemand schaut zu, und legst dich ins Bett, keiner wartet. Dann drehst du dich auf die Seite, um zu schlafen. Niemanden interessiert’s.

Auf dem Petrisberg

Du gingst einen schmalen Waldweg entlang. Ein Bäumchen, dünn, glatt, von Feuchtigkeit ein wenig glänzend, im Schatten stärkerer Stämme gering, lag quer über den Weg. Wo es aus dem Boden drang, war es gebogen.

Du tratest das Stämmchen. Es wippte und schlug klappernd gegen die Stämme, an denen es sich notdürftig stützte.

Aufmerksam geworden, drehtest du dich zurück und sahst seinem leisen Schaukeln zu. Es kam dir wie Sterben vor. Dir wurde angst.

Aber es war kein Sterben. Das Stämmchen hing noch mit den Wurzeln zusammen. Da die Wurzeln elastisch waren und die Erde nachgab, knickte es nicht ab. In zwei, drei Monaten würde es, wenn auch bescheiden, wiederaufblühen und tragen.

Du sahst seinem lautlosen Sich-zu-Ruhe-Schwingen zu. Es kam dir wie Klagen vor. Da schlugst du einen Bogen herum und stahlst dich leise davon.

Der Stern

Jede Zeile hatte ihre Peinigung, doch Tage
friedlich und getragen wie dieser
zeitigten über jeder etwas
das besteht wenn es Freunde gibt.

Nicht so sehr die Trauer als die Einsicht, daß der
die Trauer Überblickende nichts für sie konnte
drückt: verstohlen hinter Aufschreien
räkelt er sich
nach dem guten Stern.

Der Weg

Der Weg führte höher. Es kam dort ein kleines regelmäßiges Waldstück, an das dich eine Erinnerung lose knüpfte. Es lag da dicht Laub, eine Decke aus matt und saftlos gewordenem Laub, das schon, als deine Erinnerung geschehen sein mochte, hier lag. Das Laub hatte keinen Geruch. Es schimmerte bleiern und trug ein jedes Blatt eine winzige Pfütze, die langsam sickerte und die moderbreiige Oberfläche zersetzte. Das Laub war im Begriff, formlos in Erdreich überzugehen.

Was war es, was du hier erlebt haben sollst?

Prognose

Zukunft
heißt Genesung,
Zukunft
heißt lindernde Hinauszögerung von Leid,
heißt gute Tat, große Tat, einfach:
Tat. Zukunft heißt
ein Wurf im Lotteriespiel,
heißt ein Gewirk von eigener Prägung,
heißt Ruhm um Kunst und Kult um Kunst.

Zukunft heißt
die Gunst zu leben,
grüne Umgebung, saubere Luft, Ernährung,
Zukunft heißt
Nichtwissen der unvermeidlichen Stunde.

Stapfend über das welke, abgefallene Laub,
das in Humus übergeht,
wehren wir uns gegen die ewigselbe
Routinemühle der Natur.

Auflösung

Fast keine Häuserreihe mehr ohne Lücke.
Allmählich werden die Straßen anonym und stimmen dich greisenhaft.
Wirst du frei durch den Weggang deiner Freunde?
Gibt es noch einen Anfang hinter diesen
unmerklich zerlaufenden
Fassadenansammlungen?

Du gabst jedem ein Erinnerungsklangstück mit.
Es verklingt mit der Zeit und Ferne,
ihr nähert euch
Luftgebärden.

Die Duftkünstlerin

Die Tage
nichts. Die Nächte
nichts. Das Leben,
die Liebe, die Freundschaft
nichts.
Richard nichts, Mirjam nichts. Worte, Gefühle,
Empfindungslosigkeit,
Schmerzen,
Schmerzlosigkeit
nichts.

Das Dasein zerstiebt zur Leichtigkeit
des Nicht-Seienden,
leicht wie eine Duftinstallation,
leicht
wie die Süße der Verwesung.

Das Dasein
dahinter die Ahnung vom Bahndamm schimmernd
[steigt …

Mirjam!

Die Liebe nichts. Das Versprechen nichts,
das du, wer sonst, dir selber gabst.
Die Frage
Weiser oder Narr,
die Antwort,
Gedanken, Fragen, Antworten – nichts.

Vielleicht schmerzt der Schmerz,
wenn du dich auf die Bahngleise wirfst,
nicht sehr.

Die Mutter

O liebe Mutter, gute, gute Mutter,
nicht glaube, bitte niemals glaub, du seist
recht keine werte Mutter! Blute, Mutter,
nicht un-, unnötig diese Tränen!

Verzweifle nicht an der Minute, Mutter,
sooft sie dich mißdeuten. Du kasteist
verfrüht dich. Daß sie, früher resolute Mutter,
dich, wenn du scherzt, auch gleich verwundend wähnen!

Die du es arg erlebst, es doch verzeihst,
zu Tod betrübt zurückbleibst, Kinderplänen
durch Kinder fern, im Scherzen nicht verstanden –
was sind die Freuden, die du aneinanderreihst?

Da wurden herb, verbittert deine Strähnen,
verborgen selbstentlegen Tat, zuschanden.

Mirjam

Der unbekannte Lokführer,
der die unbekannte Frau
unschuldig schuldig werdend
in grause Stücke zerteilte,
rätselte verstört: „Warum mir?“

Mutter und Tochter

Gehst schon zum fünfzehnten Mal
heute morgen ins Bad, liebe Tochter,
kämmst dich, bemalst dich und machst,
bürstest vom Kragen den Staub.
Keine Fluse entgeht deinem Blick, der schamvoll verborgen
hinter verschlossener Tür Fältchen um Fältchen besieht.
Wieder schiebst du, was du, Pharm-Bellow ergründet's, versäumt hast,
diese Diät in dich rein – kriegst noch die Magersucht, Spatz!
Und du führst wieder Übungen durch zur Wölbung der Brüste –
liegen ließest am Tisch, Dummchen, dein Übungsgerät!
Alles in allem, kein Mensch treibt soviel Aufwand fürs Tanzen.
Sage den Namen doch nur, wenigstens den im Vertraun!
Ist's der Student, von dem du beiläufig gestern erzähltest,
dieser künftige Arzt, den du beim Skifahren trafst?
Doch es müssen zurückgestoßen weinende Mütter
ohne der Töchter Vertraun weit hinter jedermann stehn.

Stimmengewirr

„Mir nach, Jungs, nach Amerika“,
ait rustica acerrima
(sagte die äußerst fleißige Bäurin).
„It’ll been discovered by Columbus
(Es soll schon von Columbus entdeckt worden sein)“,
vermerkte Laiko Bambus.
„Ching wai o rai ta wung“,
so sprach man zur Erweiterung.
Und von beredter Mulischar
erscholl’s bekannt „Katschulimah“.

„Ich mag’s nicht bei der Koje“,
versetzte Kaider Boje.
Doch eh sich noch ein heitres wundert,
rief all für eins ein weitres Hundert:
„Daridarah daridarah
der Storch ist kommen.“
(Was ja entweder juste
oder schon lange jeder wußte.)

„Ihr wollt nicht nach Amerika!“
ait rustica acerrima.
„It’ll been discovered by Columbus!“
betonte Laiko Bambus.
„Ching wai o rai ta wung“,
so sprach man zur Erweiterung.
Und von verträumter Mulischar
klang’s eindrucksvoll „Katschulimah“.

Kurze Sätze

Die schlafen
mit Schafen,
die spielen
mit Kielen.

Die lieben
mit Hieben
und danken
fürs Zanken.

Die schreiben
auf Scheiben
und malen
fürs Zahlen.

Die stehen
und weisen,
die gehen
in Kreisen.

Die ziehen
auf Rossen,
entfliehen
erschossen.

Die schleifen,
ergreifen
fünf Stammler,
zehn Gammler.

Die lesen
und grummeln,
befummeln
beim Bummeln

die bösen
Chinesen
und schummeln
beim Dösen.

Die Welt ist
besoffen,
was fehlt ist
noch offen.

Sprachlos

Als ich deinen Blick zergliedert hatte,
zerfiel er in Glas.

Bei Davids Weggang

Der siebte, nachts, Novembernacht. Der eine,
im Alter als einst, heißt es, Jesus starb,
hängt trüben Reflexionen nach. Er warb
mal wieder falsch und fühlt sich sehr alleine.

Der andre ist erst neunzehn alt und schlendert,
wie Buben machen, durch die fremde Stadt.
Und ehe er sich halb gedreht, da hat
das Treffen ihren Blick auch schon verändert.

Die beiden werben immer noch umsonst,
jener um Burschen, dieser um die Frauen,
und finden sich auf steter Wanderschaft.

Doch gut ist, was man miteinander schafft.
… Passé … du kannst das Haus nicht weiterbauen,
Moment, der du im Weggang schon zerronnst.

Kleist

Was er auch tut, was er auch plant,
was er empfindet, was er ahnt,
zerdrückt wird's wie 'ne Zigarette.
Man pöbelt: „Scher dich, läst'ge Klette!"

Was er ingangsetzt, es mißglückt.
Er hält es aus, wird nicht verrückt.
Da berstet an zu hohen Klippen
ein Ascher voll verkrümmter Kippen.

Der Kuchen

Mit einem Kuchen fing es an,
ich hatte mich seit Zeiten kaum
mehr so gefreut. Ein Kampf begann,
ein ältres Ich trat in den Raum.

Der ich gewesen war und der
ich wurde, stritten sich gemach,
mal wogen beide Seiten schwer,
mal gab die eine flüchtig nach.

Meist trug das spröde Hier und Jetzt
den Sieg davon, doch Stunden drauf
schrieb Gestern scheu, aufs Blut verletzt
in Reim gesetzte Verse auf.

Begegnung auf musikalisch

Die erste Sinfonie steht oft in Moll:
c-Moll. „So pocht das Schicksal an das Tor!“
Beethoven warf’s vom Notenpult hervor
so in die Luft, sie blieb vom Zeichen voll.

C-Moll liebt Pathos, keinen harschen Groll.
Groll klänge kakophonisch schroff im Ohr.
Die Sinfonien enden Dur. Empor
zum Himmel! Freiheit schenken Pflicht und Soll!

Dein Kommen hat mir imponiert, dein Ernst
hat in mein Zürnen Morgenlicht gebracht
und dessen Frische: Molltonalität.

Ich ehre dein Vertrauen. Du entfernst
dich und ich denke, wir verstehen. Sacht,
klang das in Moll? mit Dur-Schluß? Nein, zu spät!

Antwort auf seinen Brief,

darin er in Versform seinen Eindrücken vor *Tulpen Räder Züge Zeit* Hinweischarakter auf die Unendlichkeit der Seele und die Nichtigkeit der Dinge beimaß

Engramme kritzelt unser Leben ein;
der Künstler Schöpfung zeugt ein Tirili
im Künstler Mensch und sinkt in Agonie,
nur Verse bleiben, nichtig ist das Sein?

Die Tulpenfelder Räder Züge Zeit
sind nichtig, nur der Blick, der sie empfängt,
das Landschaftsbild, das im Museum hängt,
sind's nicht, sind vorbestimmt für Ewigkeit?

Nein, wenn die Dinge nichtig sind, dann sind's
auch unsre Sinne, sind's das Herz und das
Engramm, das mit dem Herz im Tod zerfällt.

Gereimte Worte Klingelspiel des Winds.
Sie fliehen, da ja alles flüchtet. Was
bedeuten Wolkenfarben für die Welt?

Gelegenheit

Ins Helle bricht die Abenddämmerung,
darin, wie ohne Ursprung, ohne Grund,
der Abendstern erglimmt. Die Seele, wund,
blüht auf und findet neuen Schwung.

Bleib fort, du freundlich Ausgeflogene,
und laß die zwei allein beim Rendezvous.
Komm wieder erst bei Nacht. Ihr zwei nur zu,
Exotenbrut! Solang die wohlgewogene

die Wolkenfarbe warmer Horizonte
erfüllende Minute ihre Frucht zeigt,
die überreif herabzunehmen ist,

solang der Raum die anders nicht gekonnte
Allüre deckt, bis euer Stern zur Flucht neigt
und bei der Mutter Rückkehr Schemen ist.

Unverbindlich

Das Schreiben will nicht werden,
die Tinte ist versiegt.
Ich hab des Freundes Worte
schlecht auf die Reih gekriegt.

Halt ja nein doch, auf Erden
entzieht sich jedes Wort
dem Ort. Kein Ort, nur Orte,
so zieht's uns hin denn fort.

Langeher

Es war das Haus wie da, als ich noch wachte,
derselbe Weg, den ich zu gehen sehnte
und wirklich ging, der Blick, den ich hin dehnte
zu Fenstern, dran ich eines Traums gedachte.

Und tranig wogte ich im Hochgeschiebe
und Drängen schwelender Erwartung. Klangen
die Wolkensaiten doch wie damals, sprangen
doch Knospen auf von welkgeglaubter Liebe.

Doch nicht von damals war das Lied gezeugt,
es lag darin ein fremder Ton verborgen,
erwartungsvoll und wechselwindgebeugt.

Ich, mehr dem Zweifel als der Liebe treu,
vergaß das Lied. An einem hellen Morgen
kamst *du* und sangst es ungetrübt und neu.

IV. DIE BEGEGNUNGEN WECHSELN

Der Unbekannte

Wissen, wer mich mit den Inhalten seines Briefs
bei der Lektüre des Lieblingsbuches aufstört
(ich klappe es zu)
wissen, wer mir bei den Klavierstücken,
die ich konzentrierter als sonst
gestalte, zuhören mag,
wer sich in der guten Stube irgendwo vor einer
Kälte schützt grimmiger als diese (die Ohren beißen,
ein Schlepper auf dem Wasser,
Zahnbürste nicht vergessen,
Hemden, Wollsocken, Slips,
wieviel davon gehen mit?)
wissen den Kuß beim Abholen von der Uni
(was wirst du wieder vergessen?
Rasierapparat!)
fragen nach der Haltestelle Linie 8,
aussteigen, das handgeschriebene Klingelschild
lesen, läuten –
ich liege auf dem Teppich
und strecke die Arme unbändig gegen die
Decke und schließe sie zusammen zu einem Knäuel
und frage mich, wer den Knäuel ausfüllt, mir die Gedanken
bersten macht vor Verlangen
nach Haupt und Gliedern
wissen
wissen …

Die Rückfahrt

Bin in einem Stück gefahren. Las zwischen Koblenz und Trier, wo ich um zehn nach neun ankam, Heideggers „Feldweg“. Dachte an den Unbekannten, seine Heimat, er auf demselben Feldweg. Ich stellte mir vor, daß ich mir das Land, sein Dorf und all das hätte gern von ihm zeigen lassen nicht anders als das Münster, den Hauptbahnhof in F., seine körperlichen Mängel.

Ein Wort stand in seinem Brief: „Ich warte!“

Und: „Komm!“

Ein drittes Wort stand darin: „Komme bald!“

Der Aufenthalt

Dann stand er nicht in seinem unbekannnten Bahnhof und spähte nicht, ob ich inmitten der Menge ihn fände, der ich nie in dieser, in seiner Heimat war.

Wir hatten uns endlich nicht gefunden und Erwartungsangst empfanden wir auch keine.

Der Unbekannte wäre um ein Haar noch nicht aus seinem zehnwöchigen Urlaub zurück gewesen, denn so wörtlich hatte er das „Komme bald!“ in seinem Brief nicht gemeint.

Dann fand ich die Haltestelle ohne ihn und auch die Aussteigestation, und den Koffer mit den viel zu vielen Sachen stellte ich ordnungsgemäß in den Flur.

Die Zeit war kurz, ein Abend, eine Nacht und ein Vormittag. Doch rief nicht Pflicht – ich hatte einfach keine Lust, länger zu bleiben.

Nun wird er nicht zu mir kommen. Ich werde ihm nicht meine verschlafene Stadt zeigen. Wir werden nicht auf die Randhöhen gehen und in ihm wird mir nicht was wir sehen wie eine ferne, ganz ferne Fremde sein.

Lärm

Mitten sitzt du im Radau,
die Gefährten skaten.
Dich lockt's unters Himmelsgrau.

Bist an feuchtem, mattem Watt.
„Komm, mit mir zu waten!“
Dich dein Freund gerufen hat.

Spielt ihr noch? Seht, Meeresschaum!
Kann ein Blick verraten?
Dich entzog ein *hübscher* Traum.

Verstörend

Du wirst wie eine Sternschnuppe leuchten:
du wirst
vergangen sein und ich werde
dich sehen.

Anonymität

Manchmal mag ich meine verschlafene Stadt. Ich mag ihren Geruch, ihren Kneipenöffnungenmief. Nur die abgestandenen Fettschwaden, die Schweißabsorption der Bratwürstekrematorien, mag ich nicht.

Das Schweigen der Vielen, an denen du kaum beachtet vorbeigehst, mag ich, das dir entgegendringt als ein fernes Herdengeläut. Die Sicherheit, mit der du dich darin bewegst – ’s ist mein Feldweg.

Süße Wunde

Er sucht *deine* Schönheit, obwohl du nicht zu den Unverwechselbaren gehörst. Möchte dir die Hand auf die Achsel legen, ruhig, offen, dich haben, dein Dichfühlen von oben bis unten und alles, was dazwischenliegt, was ihr redet und was ihr aneinander versteht.

Wer bist du, was willst du, wohin gehörst du? Du weißt es nicht. Und du weißt, daß er weiß, daß du das nicht weißt und einen Fluchtpunkt suchst, irgendeinen, in deiner Welt lose treibender Waldbestände. Dich in die Arme schließen, deine Körperseele schmal wie ein Baum, dir schenken das Gefühl, angenommen zu sein, dir eine Wunde einritzen, die du brauchst, dich auszubluten in etwas das dich sammelt!

Aufgewacht

Anforderungen einer Stunde
lächelst du ins Gesicht.
Deines Strahlens unverständiges Licht
verschleiert taufrische Wunde.

Mit der Hand, die im Traum eine Lende tastet
(deren Kraft sie heftig begehrt)
ist dem fordernden Punkt gewehrt,
der ratlos an dir vorüberhastet.

Grauer Sommertag

Ein kühler, schwerer Sommerabend. Zigarettenrauchende krebskranke Fünfundfünfzigjährige geistern als Humphrey Bogarts über den gedrückten, unwirklichen Platz. Todesgleichmut bewegt versonnene Fußgänger, Schranken zu überwinden und an erleuchteten Fenstern unbekannter Stockwerke anzuläuten. Siebzehnjährige halten wachen Blicks um die Uhrzeit an und erwarten, daß man frage, was sie zudiensten fordern. In einem Eifeldorf nahm ich dich untern Schirm und schlang den Arm um deinen Hals.

Der Tag erinnert an einen Sommer vor acht Jahren. Die Weise zu fühlen fand sich.

Regenidyll

Doch nochmal kamst du nicht, um neben mir unterm Schirm Platz zu finden. Und obwohl die Weinberge allerorten von Wasser troffen, zogst du's vor, dich schutzlos dem Regen auszusetzen.

Wir sprachen kaum ein Wort und brauchten darum auch nicht verlegen sein. Wir brauchten jetzt keine Worte. Ich erhaschte manchmal einen Blick aus deinen rehdunklen Augen, das genügte.

Die Stille um uns war die Stille um uns. Nur als sich der Schirm im Rankwerk des Gebüschs verfing und dicke Tropfen auf mich niederprasselten, lief ein Grinsen um deinen Mund und du fragtest schadenfroh:

„Naßgeworden?"

Du hieltest meinen Arm, während ich ihn reckte, jedoch nicht, um mir zu helfen. Auch nicht, um mich zu hindern – es war deine Art der Parodie.

Dann hasteten wir weiter im Regen bis zur Kreuzung. Angekommen blieben wir stehen. Wie früher. Dann fiel's dir ein und wieder grinstest du, strichest dir über das nasse Haar in Ermangelung der Mütze, gewahrtest einen Sekundenaugenblick das leise Plätschern der Dunkelheit und gingst ohne Gruß deines Weges.

Wir beide, du und ich.

Weniger idyllisch

Ihn sah ich und seine Jeans,
sein schwarzes fettiges Haar.
Ich spürte die Geilheit,
die sein magerer Rumpf mir einflößte.

Ich stürzte hin an seine Brust
und wühlte in seiner Scham.
Ich knetete seine rundlichen handlichen Backen.
Ich drückte das Gesicht in die Soße:
er war besoffen!

Ich hielt inne.

Ich verließ ihn.

Trennung

Fünfzig Schritt von seinem Einstellplatz entfernt
liegt sein Fenster.
Die Lampe brennt.
Hat er sich gefangen?
Was trennt uns noch
als die Dicke der Fensterscheibe
und die dünne Gardine,
die die Ränder freiläßt?

Ein Atlantik trennte uns und ein grauer Sommer
voller Regen.

Fünfzig Schritt. Zwei Steinwürfe.
Die Geilheit bleibt.
Sein magerer Rumpf entzückt.
Die Backen des Trinkers locken handlich.
Zwei Steinwürfe. Der Atlantik.

Henri

Gesehen oft. Gesprochen,
gehört dich Knaben nie.
Und doch seit sieben Wochen
in lauer Luft ein Pochen.
Und dieser Blick, Henri.

Das Schicksal gönnt sich Weile.
Schickt keinen, der dich kennt;
der sagt, wie sie dich nennen,
und mir beim Türberennen
das Losungsstichwort nennt,

und uns im Treppenhausgedränge,
wenn du dich ans Geländer preßt
und ich mich näherzwänge
und dir an Wimpern hänge,
tuchnah begegnen läßt.

Wenn du in Eile,
mich Fremden lässig übersehend,
an mir vorbeigehn mußt,
dann schau, am Absatz stehend,
ich unters Hemd dir auf die Brust.

Dann raub ich dir beim Weggehn
ein Stück vom Bauch, vom Bein, vom Knie
und laß nicht einen Lappen
an deiner geilen Pelle pappen.
Ja dieser Blick, Henri.

Ein Januartag

Immer weiter die Wege, die ich wähle,
und immer komplizierter:
wer innerhalb von zwei Jahren mag,
in Abständen zwar
doch fünf- oder zehnmal hintereinander,
immer die gleichen Wege gehn?
Und der Anweg ist immer derselbe,
ist der auswendig bekannte.

Doch ich will schon vor meiner Haustür
ins Heftigfließende meiner selbst.
Ich komme heraus von Musik.
Ich suche Gedanken und Worte,
lautlos gedachte.
Ich meide den Blick
in die allzu gekannten Straßen,
auf die allzu gekannten Autos,
auf die darin fahrenden Menschen.
Doch ich vernehme Melodie,
unwillkürlich und unwillkommen,
ich pfeife sie ausdruckslos
vor mich her.

Mir kommen Gedanken.
Ich kann sie nicht recht glauben.
Und das dicke graudämmrige Gewölk
über dem so bekannten Anweg
lenkt sie ab.

Und wieder mein Mund unwillig Melodie,
vielleicht dieselbe,
wer will es wissen.

Mein Schritt ist leicht, das Gewölk dumpf.
Recht klar in mäßiger Entfernung
Ränder des Anwegs:
triste Neubauten, feucht auf Anhöhen,
spärlich Januarwälder an Abhängen.
Ich fessele Gedanken, nein,
vermag sie nicht zu fesseln:
Gedanken fesseln mich!

Diese Gedanken kenne ich:
oftgedachte, theoretische,
überdrüssig in oberflächlichen Gesprächen geäußerte.
Dann mischt sich wolkendumpfe Erinnerung
an Gewünschtes, das mich nicht reizt:
ich beherrsche den Wunsch.

Zwei junge Augen flimmern,
die ich nicht sehn will,
flimmern in überdachter Haltestelle.
Flüchtige Erwiderungen, wie Pflichten,
beschleunigt Schritte, Gefühl im Magen:
Kind, wie kann ich nur von dir
unterbrochen werden?
Schau, ich passe doch nur auf, daß ich nicht
über den Bordstein stolpre!
Ich meide dich doch nicht!
Laß mich biegen in die mir
kaum bekannte Straße,
dort gibt es Neues zu atmen.

Die Straße hinauf.
Hanghäuser staffeln sich.
Sie sind zu meiner Geburt entstanden.
Januarkahl knorziger Eichbaum,
nicht höher ragend als dem einstöckigen Giebeldach
bis zur Mitte. Ein Fahrrad schiebt mühsam
bis wo die Seitenstraße zweigt
stumpfe Idylle hinauf.
Ein junger Blick rückwärts,
dem ich entgleite. Ich gehe vorbei.

Interesse, ja Interesse flößte mir
die Anhöhe ein:
Berge mit dem Dorf am Horizont,
dämmerdumpfe Luftlinie,
graudämmriges, dickes Gewölk.
Daneben, unten, Häuser, Talwohnungen,
dumpf Idylle, abgekapselt,
gewußt Menschen, gelb Fenster,
unberührbar, nicht weit gegenüber.

Zieh die Kapuze herunter,
die Haut des Gesichts benieselen
einzeln Regentropfen!
Den Handschuh streif ab, die Hand soll atmen
die Frische der Anhöhe.
Pfad mit der feuchtmilden Luft,
blute sie warm!

Keiner zu Pferd hier?
Wer könnte heute Spaß finden am Reiten,
wenn Gewölk dumpf auf Sätteln lastet,
wer auf den tristen Januarfluren,

reitend durch Dämmer und Schlamm,
ausnehmend heiter sein?

Ich gehe bergab. Leichter Schritt. Ich steige
auf halbverbotener Furche
zum Weinbergweg empor, stapfe an Höfen vorbei, die ich
wissentlich noch nicht sah.

Wie liegen sie? Einsam, verstreut, alt.
Unberührt von der Stadt.
Das Lazarett aber lastet grell von oben herab:
wo blieb der Zusammenklang?

Der Weg wird *ein* Schlamm.
Bäuerliche Gerätehalle, Einzäunung,
Schutt- und Schrottablage,
Verbotsschilder und ein glitschiges
hier und da bemülltes Stück Land.
Ich schone mich durch den Schlamm hindurch
so gut als das möglich ist.
Noch zweihundert Schritt und ich erreiche
die teerfeste Straße.

Alle Häuser sind fast-gleich.
Hoch und rot Siedlungshäuser.
Überall aus stumpfen Räumen
gleiche Wohnzimmerlampen.
Wohnungen, in die ich hineinsehn kann,
offen doch isoliert,
weil für jedermann offen,
Haustüren ungewußt,
Korridore ungangbar.
Hier ist der Endpunkt meiner Wanderung heute,

denn was jetzt kommt,
ist nur der Rückweg auf anderen Straßen.
Grell-rot-ragender Turm des Bergs,
den ich umwanderte.
Geliebte Wohnung, die ich zweimal betrat – sie
schmerzt mich nicht mehr!
Und wieder mein Mund ungebeten
einhaltlos Melodie –
wo sind die Zusammenklänge?

Rasch in die Stadt! Die Talstraße führt.
Dröhnend Bergschatten, spukhaft Weinberggestänge,
Last von schwarzdämmrigem Graumassiv,
Blendung durch der Straßenbeleuchtung lange und tote,
straßengeschwungene Reihe
mit der Zielleere
entgegenströmender Automotoren.
Schepperndes Wirtshausspektakel,
schweigender Würstestand.
Dumpf Wolkenmassiv
mit Falten, Geschwüren, Karzinomen,
die es nicht verderben, dunkel Verdichtung,
Drohen
mit sternloser Nacht
stumpf
Unpersönlichkeit.
Wo sinkt die Sonne, wo
hinter den beiden Kalkovalen,
den Restflecken des Tags?
wo sind der Abendstern, die Planeten, wo
das bekannte, heimische Werden von Dunkel?
wo die Zusammenklänge?
Vernimm die Glocken aus Wolken dröhnen!

Geh zurück vorbei an der Kirche,
triff den halbgekannten Blick! Bleib besser! Meide
den Blick, den halbentgleitenden halberwiderten,
fliehe das!
Fliehe den Halb-Blick!
Laß im Wolkenmassiv
das dumpfe Ziel der Gedanken,
die du nicht recht glauben magst,
verdröhnen! Laß das los: alles!
die wolkendumpfe Erinnerung
an gewünschten Halb-Blick, die dich nicht reizt,
und dieses, dein dumpfes Halb-Selbst!

Gasartig klar, blauschwarz die Berge am Horizont
mit den dörflichen Lichtpunkten. Immer
derselbe Rückweg, der
auswendig bekannte. Ich gehe entlang.

Die Glocken verdröhnt. Schneeruhe schwellend in
der Luft.
Wo Zusammenklänge?

V. MENSCHEN IN DER STADT

Lippenbekenner

Bekenner der Lippe ihr
Bekenner an der Lippe ihr
Lippenbekenner ihr

Bekenner der Lippe ihr
von Wein benetzt

Bekenner mit Blicken ihr
und Gedanken
an der Lippe ihr –
Lippe? –
die Joschu gebar den Bastard

heilige rosa mystica
pro nobis ora

Jägerpinte

Ein guter Jäger schießt auf Wild
nach eingehender Beobachtung.
Ein guter Jäger tötet überzählige Exemplare
und krankes Wild.
Ein guter Jäger schießt auf ebenbürtige Beute.
Ein guter Jäger schießt, wenn er angegriffen wird,
doch nimmt nicht jeder einen Angriff gleich zum Anlaß,
mit einem einzigen gezielten
Schuß
das Objekt zu erledigen.

Aus einem unbekannten Grund erschien die Trophäe
läppisch. Um nicht prüde dazustehn,
verließest du die Bar
vor Tagesanbruch
und verhieltest deine Sucht
in der Büchse.

In der Stadt

Man hoffte vage auf eine Begegnung, sich direkt zu erkundigen. Schob hinaus, unterließ.

Mit dem Herzen ist nicht zu spaßen. Doch muß ein schlechtes EKG keine Katastrophe sein. Katastrophenstimmung tritt leicht auf. Man kennt Fälle. Hat ein bißchen Dienst auf einer Krankenstation gemacht.

Menschen in der Stadt. Blicke, Einheitsblicke. Darunter die Blicke elitärer Dummheit, intellektueller Dünkelhaftigkeit. Die meisten glatt, daß der eigene Blick daran abperlt. Abweisend, innenaußen woanders, gefangen in Sicherheiten, die man etwas wie unanständig findet
oder beneidet.
Dazwischen einzeln Wachheiten unbestimmt taxierender [Art.
Seltene Wachheit.
Neugier.
Geöffnetheit nach dem Geschehenden.
Tendenz doch, Fühler zurückzuziehen,
bei sich zu behalten.

Aufeinanderzugehen.
Schillern zwischen fremd und freund, vertraut und
einer Art
beruflich.
Verantwortung,
die befestigt
oder abgewiesen werden will.

Nettigkeiten.
Bei allem das Gefühl, schäbig zu sein,
schäbig,
weil der Kopf,
der über ein paar Bewerbungsschreiben Zauberformeln spendete, das Gegenteil von schäbig wollte und sann. Gefühl, daß alles umsonst ist, was du versuchst.

Aus Essen und München nichts Neues. Maßstäbe zu urteilen abhanden. Politiker versprechen gegen Unabänderliches an. Arbeitgeber tun Dinge, die heftig mißfallen. Ob man miteinander warmwerden wird, ist eine unentschiedene Frage.

Zuhause

Ein Wortgepralle.
Laute, auswendig drin.
Abfolgen, wie der Eifer eingewurzelt, der sich
hinein verbeißt. Die Wände, dünn, lassen
den Lärm herein, der einheizt wie Waschkesseldampf.

Der Alte nach einer Weile abnehmender
Gestirne und Kilogramme
schlang ein paar Flaschen mit Wein,
Sekt und Bier in den entwöhnten Magen
und spürt die Wirkung des Alkohols doppelt.
Am Morgen klagt er über zwei Pfund mehr auf der Waage
und verhält sich
aufsässig, küchentyrannisch, unmöglich.
Die Tochter gibt ihm saures,
die Gattin, emsiger, würgt an Streß.

Ein Zuckerstein zergeht nachdenklich auf einer Zunge.
Der Schaukelstuhl steht, die Wand sieht ein
Bullenbeißergesicht.
Rrommrrommrromm, rrommrrommrromm! Der Sport-
[wagen grummelt.
Der Boy, noch doofer, reißt die Tür auf, zieht die
[Packung, flucht:
Kneipe geschlossen! Weihnachten!
Tür Tür Vollgas.
Froh, an der musikalischen Mitgestaltung einer Mette
vorbeigekommen zu sein. Du sitzt
mit den Streithähnen zu Tisch und läßt dir

deinen Appetit nicht verderben. Bei der Tasse Kaffee
schwillt dir der Kamm. Du verschwindest,
bevor du gemein wirst.

Jubilare

Nun ist mit einem Rutsch die Zeit vorbei,
da euer Alter mit der Sechs begann.
Die Sieben schiebt sich klamm und grauslich dran,
ob’s paßt, ob’s nicht paßt, einerlei.

Der Jüngste du aus einer Schar von vieren,
die’s nicht geworden sind, mußt flott mit deinen
Siebzig wie Pappa Abraham erscheinen.
Und du wie Sara. Mögt euch nicht verlieren!

Die Karre fuhr mitunter in den Dreck.
Dann schmiß der Knochenmann das Lenkrad weg
und lachte – als wär’s Spaß, das Morden proben!

Ihr schüttel…tet euch und fuhrt klapprig weiter.
Und wurdet langsam, aber sicher breiter.
Die Erde blieb die Erde und der Himmel oben.

Früher

Meinungsverschiedenheit, Geschwisterstreit,
nach lautem Zwist am Mittag Einigkeit,
am Abend Bello bellend (oder hieß
der liebe Köter Benno?) Später ließ

die eine Schwester ein für allemal
die Sieben und das enge Heimattal
im Stich. Mont Petri bannte alptraumhaft
den kranken Vater mit Gefangenschaft.

Die Jüngste kam nach vieler Widrigkeit
mit einer stillen Sehnsucht nach Tirol
ins alte Tal zurück. Hinfloß die Zeit.

Die Alpen lockten traut als Urlaubsland.
Mont Petri aber tat der Guten wohl
und knüpfte ihr an seinem Rand das Band.

Neujahrsgesellschaft

Meinen Neujahrsgruß,
verehrte Dame:
daß der Gesundheit hinkender Fuß
Ihrem Alter nicht erlahme!

Ihnen, verehrte Gastgeberin,
für uns die besten Wünsche.
Wir danken für mitschmeckenden Sinn
und reichliche Pünsche.

Wir gönnen dem Herrn im Stall
noch lange Haarausfall.
Dann hat er noch weit
bis zur Kahlköpfigkeit.

Nicht hungern, lieber lieben,
Liebe! Laß den Spleen,
das Kohldampfschieben!
Satter wirst du ihn leichter ziehn.

Lieber Richard, des Stallherrn Sohn,
ertrugst die Freunde weit in die Nacht.
Es wußte Buschs Willi schon:
hättest sie gerne rausgebracht.

Euch knallenden, feiernden Freunden Glück
und Lösung geringer Probleme.
Daß jedes alberne Silvesterstück
seine Pflichten nicht schwerer als nötig nehme.

Kalkulation

Zwei Tage arbeiten.
Paar Tage zu leben.
Von der Hand in den Mund leben.
Eine Tasche voll Geld, vierzehn Tage zu leben.
Er fühlte deutlich, daß er einen Tag noch zu leben hatte.
Ihr seid jobben gegangen.
Ab und zu immer häufiger
ein Ding am Oberschenkel des Ruhenden
(verflixtes Gemächt, verflixtes Drängen –
„Arbeiten!“ – „Schon gut, Chef!“)
Nichts Regelmäßiges, nichts gelernt, der Sex
Sex der Sex
hält sich
und euch.

Der Kritiker

Sein Stil war so zerklüftet wie seine Mandeln,
durchsetzt mit Schleim und Rotz, die alles verschandeln,
armer Schreiberling.

Sein Stil war so verschwollen wie seine Nase,
voll Popel, Wulst und eitriger Emphase,
armer Schreiberling.

Sein Tod war das Produkt seiner schleimigen Massen,
es schied mit ihm auch sein Stil, den wir nicht mehr
[hassen.
Armer Schreiberling.

Rückschau

Des Lebens Kern – was ist daraus geworden?
Man weiß nicht, war es wenig, war es viel
bis jetzt das ganze, eher leicht, ein Spiel,
beschwerlich, oder beides: häßlich nett?

Gewiß ist draus kein Zuckerschmaus geworden,
gewiß nur etwas andres als geplant.
Da wirkt zu vieles innendrin verzahnt
und manchmal roch es wie im Lazarett.

Sich krumm zu winden, bleibt Natur beim Fluß.
Die Masse nimmt mäandernd ihren Lauf.
Im ganzen trugen sie nicht schlecht, die Beine,

bei allem Hin und Her und Soll und Muß.
Das richte deinen Sinn auch ferner auf
und zeig dir täglich kleine Spuren: deine!

Der Großvater

Ein Glückstraum muß
vorbeigewesen sein,
als der Knabe
am offnen Grabe
seines Großvaters,
ja ihm schon bewußte?,
Güte
betrauerte. Wie wenn im Stein,
wie wenn im Flackerlicht der Kerzengabe
verschwenderischen Freundes Name glühte.

Vorname – Nachname

Ihr standet vor dem Grabmal. Kein Gebet.
Erinnerung beherrschte euch und Trauer
auch dich zum andern Male. Wie beredt
glomm dieses Wort dir jetzt entgegen: Klaus.

Ihr legtet Astern an der Stelle nieder.
Im Kerzenlicht erkanntest du genauer
den Rest des Namenszeichens: Silbenglieder
von deinem eigenen und Vaterhaus.

Nur eine schwache Zeitenspanne trennt
die Eltern von demselben Monument,
dein dunkles Haar vom Einschlag ihres Graus.

Ein Sohn, sein Sohn gehn ins abstrakte Reich
desselben Hauptworts ein, Jahrtausend gleich.
Das Klein- und Vorgedruckte wechselt aus.

Anna

Sie dankt für jeden Atemzug,
den sie unbeschwert noch genießen darf,
für jede Heiterkeit,
die sie im Leiden aufrichtet,
jeden Übermut,
der sie im Schmerz überkommt.
Sie dankt für den Greis,
der ihr so treu das Bett glättet,
für den letzten Bissen,
der ihr
aus seiner Hand
schmeckte.
Sie dankt für den jüngeren Vetter,
der sie besuchte,
sich niederbeugte
in ihre ausgestreckten mageren Arme,
einen Kuß drückte
auf den schrundigen bleichen Mund –
ach Helmut, Helmut.
Der Ärztin dankt sie,
die sie morgen betäubt.

Religionsstifter

Öffne die Augen,
Schläfer,
und erkenne unverklebten Blicks
das Spinnengewebe,
das dir Brücke
über schwarzem Abgrund
galt!
Siehst du den blauen Falter drin?
Siehe, er ist tot,
hängend in den Fäden,
bewegt vom Wind.
Enttäusche dich!
Er lebt nicht!
Nur die Kräfte des verklebten Blicks
gaben Leben ihm,
der Schutz des Netzes
Frische ihm und Bläue.

Schau,
das Spinnennetz zerreißt.
Wo der Falter hing,
klafft ausgefranst ein
Loch, dahinter die Weite des Himmels,
der unbeteiligt schweigt
dem Wimpernschlag des bleichen Kindes.

Unterstellung

Du hättest ihre Schuld auf dich genommen,
blauer Falter Jesus,
behaupten sie.
Freiwillig.

Freiwillig?
Sie luden sie auf dich ab,
die viele Schuld.

Doch Schuld?
Nicht Schuld.
Die Vollkommenheit luden sie auf dich ab,
die sie nicht fanden,
die Harmonie luden sie auf dich ab, die sie ersehnen
statt immer diesen Riß,
die Macht über den Stachel luden sie auf dich ab,
der sie umtreibt,
die Unsterblichkeit luden sie auf dich ab,
die sie nicht wissen,
ja, die Unsterblichkeit luden sie auf dich ab.

Du warst ein Zeitkind.
Du hattest Zweifel.
Und du hattest völkische Vorurteile:
gegen das Volk der Christen
zum Beispiel.
Zum Tod am Kreuze kamst du
wie die Jungfrau zum Kinde.
Du erstandest auf.

Als das blaue netzumsponnene Idol.
Als Fahnengedanke und Fußabtreter fremder Egos.
Als Dulderfriedensantlitz, das nicht widerspricht.
Als Weihrauchschwenker-Meßweinflaschen-Wahngedanke.
Als Halluzination der Christustümelei.

Vorher – nachher

Manche halten's in der Fastenzeit
mit allerlei Verzichten.
Jahr für Jahr gehört für diese Leut
Fasten zu den Pflichten.

Nach der redlichen Kastei
folgt für diese Christen
die große Schluck- und Schlemmerei
samt Ostersex und safer Fisten.

Die aufgesparte Vaseline
perlt von gummiüberspannten Fäusten
dann aus dem Darm der treusten

und Biene, Kerl und Pimmeltrine,
Mary, John, die andern Christen
loben nach den Fasten frustlos fromm die Fisten.

Widerspruch

Wenn man euch hört,
möchte man meinen,
der Teufel hätte im Alleingang
die Welt erschaffen.

Er triebe sich allerorten um,
nähme Bastion auf Bastion,
lachte über den Herrgott
und schickte die kleine Schar seiner Anhänger
in die wenigen
Stuben und Nonnenklöster.

Glaubt ihr wirklich,
ihr Gleisner und Pharisäerinnen,
der Unerkennbare habe diese Welt gemacht,
um ihr zum geschmacklosen Ausklang
ein Ungenügend zu verpassen,
habe das Chaos eingerichtet einzig
damit ihr euch über die erheben könnt
die des Teufels sind?

Cocktail-Test 5:
„Sex on the Beach“

Fröhlich liegt er cocktailtrunken
Test mit allem Dran und Drum
zungenschwer aufs Bett gesunken
seine Art Elysium.

Sexexstase nie vorhanden
immer nie am Cocktailstrand,
einmal müssen alle stranden,
keiner hat das in der Hand.

Und derweil er den Artikel
für das nächste Samstagsblatt
en passant im Viererstückel
filmgerecht vor Augen hat

fährt er mit den flinken Pratzen
um sich wirkungsvoll zu kratzen
zwischen Sirup, Rum und Gin
süffelig woandershin.

Ein Brief

Du Brief
eine Stunde Illusion
über die Begrenzung dieses Tischs
hinauszuwachsen.

Schrieb.

Schreibe.

Schreibe um etwas herum, das einer notwendig findet, aber schreibhandlässig unterläßt.

Brief
Zeuge, daß jemand Papier
um Botendienste bittet.

Bote der Engpaßwelt
und der Eitelkeit.

Gegner der Feiertage und Ruhepausen.

Feind der Zwänge und Botendiensteverschleppung.

Aushub der Angst
sich unter Thekenstehlinge zu mischen.

Brief
Papierleichtgewicht des Lebens.

Brief
getarnte Unschlüssigkeit.

Warum?

Vier Füße im Kies.
Gleichschritt immer der Nase lang.
Weit der Weg,
Ebene, Todesmonotonie.
Dein Blick geradeaus,
er neben dir,
dein Alles gestern, gleichgültig jetzt,
weniger als gleichgültig,
Funktion deines Gedichts,
weniger als das:
aus deinem Gedicht verbannt –
kalt führt der Stahl deines Geradeaus
durch ihn hindurch,
den Verhaßten.

Schwoll die Ader der Nacht.
Hielten inne Tritte. Opferten
dunklem Fluß, der zuwuchs
Ufern.
Ein heimatloser Knabe,
egal wie du und er –
auf entfernten Bahngleisen vibriert
schmerzhaft
eine Erinnerung die zerfloß.

Bachmündung

Du stolpernder Bach …
Kullrer über Wackersteine …
Flachbrüstigdichergießender …
Unratlagernder …
Waschwasserschleim …

Du Milchtütenumfließender …
Einkaufstaschenbenagender …
Konservenbüchsenzerdeppernder …
Lautsprecherzertrümmrer …

Du Betongebetteter …
Durcheineröhremurmelnder …
Immernochmurmelnder …
Gefühlevermehrender …
Pisseverdünner …

Martinsfest 1972

Bin das nicht ich, die mir am Abend da mit Fackeln und Leuchten begegnen? Sind das nicht meine Eltern, die da ihren Kindern, mir, die Lichter anzünden, die Monden und scheibenförmigen lachenden Sonnen? Mir, mir ist die Kerze erloschen und ein Unbekannter, mein Vater, nimmt sie dem unbekannten Kleinen dort, mir, aus dem schaukelnden Mond. Ich vertrau dem, was er tut. Bloß wenn er heute den Docht zurechtrückt, sein Feuerzeug hervornimmt, die Kerze in den Mond stellt, dann bin ich weitergeeilt, seh es nicht mehr.

Ja tausende Kinder mit tausenden Laternen singen die Lieder, bei denen sie erst nie wissen, ob sie heiter mitjubeln, verhalten einstimmen oder sich schweigend zurückhalten sollen. Aber die Kinder in dem Zug jubeln, während sie durch die Straßen ziehn, vom Heiligen geführt. Seine goldene Rüstung glänzt, sein Umhang aus Purpur schimmert. Ihr kleinen scheuen Monde, glaubt ihr noch? Wie auch ihr lachenden Sonnen, die ihr schwankt und im Wind schaudert? Denkt ihr an den Heiligen? Kennt ihr seine Legende? Bemerkt, daß er diesjahr ein anderer ist, weil der alte mit gebrochener Elle das Bett hütet?

Doch ich bin schon unter den vielen Kindern, Eltern, Großeltern, Fremden, die am Rand stehn und aus Fenstern lehnen. Ich habe die Lieder vergessen, die ich zaghaft mitsang oder nicht. Dann habe ich vergessen, wann ich zuletzt Sankt Martin sah. Endlich kenne ich den Neid nicht mehr, daß ältere Jungen Fackeln von Pech tragen und ich nicht. Wo blieb mir das Alter der Pechfackeln? Habe ich es je besessen?

Ich gehe vorbei. Und ich gehe weiter, als ich als Kind ging, und schneller, als ich als Kind nur träumte. Und an allen Ecken, Straßenrändern, Plätzen treffe ich mehr Kinder mit Fackeln, Eltern und Fremde aus Fenstern lehnend, als ich als Kind faßte. Ich überhole, schlängele mich hindurch, schiebe achtsam beiseite. Eine Musik, die mich traurig stimmte, wie alle Musik wenn sie gesungen war verstummen machte, trägt nichts Feierliches mehr.

Helium verdrängt Laternenerinnerung. Geschwungene Lampenreihe einer breiten Straße. Die offenen Fenster, draus Menschen lehnen, verstreute Gruppen nachzügelnder Kleinen, in die Stadt strömender Eltern weichen augenloser Fassade. Nur noch Fetzen von Kinderstimmen, die die Luft durchdringen. Dann verstummt es wieder, mein zaghaftes Singen, Schauen, eigenes Verstummen, dann klingt es, wenn der Wind es wie Brocken hertreibt, wieder auf.

Könnte die Reihe der Lampen, die Straße, die sich darunter im Bogen hinschwingt, könnte mein Wandern ziellos, endlos, ohne Täler, Höhen, Krümmungen sein!

Doch dann: eine unbekannte Straße. Diese Sackgasse kenne ich nicht. In meiner so gut gekannten, oft durchstöberten Stadt. Einige Jungen sind davongeeilt und herzen im Gras dicht am Fluß Feuer, laufen, wenn es erlischt, rauchende Trophäen, qualmende Reste des Pechfeuers in Händen, zurück.

Umkehren, den Brauch kennenlernen, von dem du als Kind nur vage hörtest! Den Brennpunkt erleben, der dir als Kind entging, als der Weg zur Kirche des Heiligen mit Ferne und Unbekanntheit schreckte. Den rötlichen Schimmer erleben, dort. Den Tempel, draus die Menschen aus den Flammen fliehen. Das Licht vorm Palast der Gerechtigkeit, Widerschein vom Scheiterhaufen mit den vielen Opfern und die tosende Menge das Klagegeschrei erstickend und alles um sich herum zum billigenden Schweigen verdammend …

Aber es war ein Jubelrufen, das mir entgegendrang, ein Festlied feuerfroher Kinder, die sich mit Laternen und Fackeln tummelten.

Als ich anlangte, löschte man die Glut. Die Feuerwehrleute rollten die Schläuche ein. Der Feuerwagen wartete. Im nächsten Jahr würde ein neues Feuer an alter Stelle wieder hier veraschen und runden den alten Brauch. Drei Reiter trabten davon, gaben acht auf die Menge, und sie führten niemanden mehr. Gruppen von Kindern drängten sich heran, die Pferde zu streicheln. Ställe warteten auf Tiere, und Schränke standen offen für Rüstungen Schwerter Schärpen. Und Eltern, Kinder mit Fackeln zogen heim, Greise und Fremde begleiteten alles mit Augen. Die Menge teilte sich, in wahllosen Grüppchen strebte sie auseinander.

Und dann wurde auch ich Teil eines solchen Zuges. Dann fiel auch ich aus ihm aus, wie alle, und hastete, wie alle die ihren Weg gehn, an mir vorüber, das da unsichtbar am Rand stand und mich nicht erkannte und zweifelte, nur hier und da, an einem Abend wie heute, ohne zu wissen, aus den Vielen heraus zu mir sprach.

Und es fragt mich. Nach Pate und Kinderglauben. Nach dem Heiligen dort. Sieht mich weitereilen. Läßt mich.

VI. HEKTISCHE ZEIT

1

Auf dem Kissen schlagen seine Hände sich ineinander
[und es ist
als erstünde dein Abschied in einiger Frische neu.
Hand fühlte sich an wie
deine, durchwoben
von Hand. Eine Hand, die mehr *fühlte*,
eine Hand, die *mehr* fühlte.
Beide Hände so haftend enthielten vor,
welche an welchem Arm,
welche in welcher Hand
spielte.

2

Besser nichts als so?
Aron hat, ich fürchte, auf *eine* Karte gesetzt
und seither von dem Spiel nicht wieder abgelassen.
Solang die Karte im Spiel bleibt,
so denn besser als nichts.

Er mag ohne dich nicht bleiben.
Ohne dich, meint er, bliebe ihm nichts. Verrückt!
Er hegt einen hundserbärmlichen Kleinmut
im immerwährenden
Zweifeln an dir, das macht ihn so
nichtswürdig.

3

Ihr gedeihet in Gefängnissen, wo ihr aneinander,
doch sonst kein Glück kennt, wo ihr nichts so fürchtet
wie unterschiedliche
Entlassungstermine. Wo ihr
Interessen der Not gegenseitig
abzuarbeiten und zu lösen
wißt, in einem Raum
ausreichend für zwei, gesichert,
solange nicht du
in die Freiheit gehst.
Aber das ist kaum anders
als in der Freiheit selbst, wo einer von zwein
versetzt wird und der andere
zurückbleibt. Wo das prächtigste Verhältnis
am Ausgang
zu brechen
gedrungen
auf Anordnung
wird.

4

So laß ihn, laß ihn's doch viel mehr verschwenden!
Er kommt sich vor wie deine abgelegte Ziegenfelljacke.
Das ist Masse, laß ihn nicht kargen,
er fleht auf Knien,
das bläht auf,
unverschleudert,
verschlungenes
Fell.

5

Verzeih diese Unbeherrschtheit!
Verzeih, wenn er so offen ist und hereinplatzt
mit Gedanken, die langfristig schauen, während du
in die Nähe sinnst. Verzeih, wenn er
den Stundenplan mißachtet, weil er den Preis
nicht mit Händen greift. Verzeih, wenn er
den Preis
vorschnell in dir erblickt.

6

Wie kann er dich quälen, wie kann er dir mitteilen,
wie du ihn quälst
mit Laune, die er dir
mißgönnt?

Er spielt den Stein!
Gefällig, das Trübe hinausdosiert,
Blicke zu dir, darunter,
recht locker,
ein Lächeln, das ihm den Schweiß
vom Leib täuscht.

7

Beim Rausgehn schnappte er
ein Wort von der Straße auf:
„Der letzte Hänger!“

Er hängt hinterher wie ein Arbeiterkind, das die Welt
aus unverständigen Augen zu fürchten lernt.
Er soll sich von dem Treiben draußen ein Bild
machen
und faßt was nach vorn zieht unklar.
Er hängt hinterher wie ein unterbeladener Hänger
[im letzten Glied
holpernd über die schadhafte
Straße. Meistens steht er
im Schuppen abgestellt.

8

Hinter seinem Rücken hinterläßt sein Leben
imaginäre Stapfen während er selbst
mit dem Motor seines Ausfalls
Schritt um Schritt weiterdrängt
fluchtpunktskraftig.

Hinter seinem Rücken im Dunkel
laternenloser Straße hinterläßt sein Stapfen
gewichtslose Schleimspur während er die Reste
seines tropfenden Lebens sammelt in imaginären
Sammelschalen und tränenhaltig
ausfließen läßt wo kein Seliger
hinsah.

9

Mangelnde Identifikation mit dem Dynamischen,
mit Widerhaken wachgehaltener Spalt

zwischen Wünschen und Tun.
Gestern genossest du fließend Wasser und mußt es heute
vom Brunnen holen.

Er spielte die Szene beachtlich formell ab.
Er sollte die Nummer wiederholen!
Solange sie dich quält, nicht verdrängt.
Solange er nicht einknickt.

Du magst den Komfort.
Was bietet er?
Lauter Krampf.

10

Sag, er bittet dich, hart zu sein, ist es aus?
Der Morgen, an dem er sich deinen und sich deine
[Zärtlichkeiten
versagte
artikulierte seine nüchterne Wahrheit? Bitte sag sie!
Aron fühlt dein Fernsein wie den Ausfall eines
[Körperorgans.
Ist schon einiges, was du ihm nimmst, wenn du gehst.

11

Grell kontaktlos Heliumleuchte,
monotone Lampenreihe.
Als er an der Kreuzung keuchte,
schwieg ihm müde dies „Verzeihe!“

Er entfloh nur der Geduld,
Spott trieb ihn auf blassen Pfad,
und er trieb schon brauchlos Kult,
wenn er Heliumblässen trat.

Wie, er sollte noch verwinden?
Er ließ Blick den Blick nicht binden.
Bloß im Helium schwieg ihm Spott.

Und es schwiegen die Kontakte
leer im Schein. Nur das Vertrackte
war des Heliums dumpfer Trott.

12

Ostersonntag. Die Luft bevölkern Körperbilder,
auch deines, den er nie
ausgezogen sah. Es wäre warm genug,
dich draußen wie drinnen ohne Umstände zu entkleiden.

Diesen Tag, thematisch, steht das Fantom auf
und schmerzt – das Phantom eurer Liebe.
Er lernt, vor Langeweile,
wie Kinder
auf die Zähne zu beißen, doch gähnt er
aus unterdrückten Ausbrüchen deiner
Nichtgegenwart.
Deine Prüfzeit, wenn es sie gab, vorbei, du verlebst
auf der Veranda eines Sommerhäuschens mit
Mareike
einen vorhochzeitlichen Frühlingstag.

13

Ein Gruß wieder nach langem.
Kinderaugen beredter als deine Sprache, dein Handeln,
deine Verlobung.
Du bandest dich zu früh nach Sturmtagen eurer
[Begegnung,
schwärmend noch immer von Auftritten, vor denen
[ihn langweilt,
Romanen, die vage schlummern, Gedichten, an denen er
vorbeipatzt.
Was jetzt?
Dich teilen?

14

Ein blanker Tisch, verschrammte Schreibunterlage.
Altersfirnis in den Ritzen, auf dem kreisrunden
Bodenabdruck eines Fläschchens mit Tintentod.
Der Tisch leer, als hätte niemand in den letzten Jahren
daran geschrieben.
Er bezeichnet sich in seinen Aufzeichnungen als reif
Die Versuchung des Pescara zu lesen,
für die Wiederbegegnung mit dem Todmüden,
der mit den Menschen spielt, doch zur *rechten* Zeit
endet.
Manchmal scheucht ihn ein Blitz auf aus seiner Schlaffheit.
Eigentlich ist er selten traurig,
dann ist er es wie ein Kind, das vor
Müdigkeit weint.
Doch er weint nicht gleich,
es sei denn, daß *Pescara* ihn

fertigmacht wie schon mal.
Ein Bild übt ungewollt mehr Gewalt über ihn,
als er möchte, ein neuer Mensch
rückt ellenbogenkräftig
in seinen Horizont,
es wiederholt sich?

15

Daß er an den Spitzen des Tags,
eine Viertelstunde nach dem Aufwachen,
eine halbe Stunde vor dem Einschlafen,
nicht Anlaß mehr nehmen soll zu träumen,
was er mit dir erleben, was er an dir genießen
darf!
Was soll er machen?
Eine Viertelstunde später aufwachen,
eine halbe Stunde früher zu Bett?

16

Öfters geht er an die Stelle, von der er dein Mansardenfenster sieht. Der freie Platz, den ein paar Pappeln säumen, macht es von hier aus leicht, das Haus von den andern, gleichgebauten Häusern zu unterscheiden. Es ist das vierte Mal, daß er dein Fenster von hier oben sucht. Eine Kreuzwegkapelle liegt in der Nähe. Wäre es eine Wallfahrtskapelle, änderte es nichts: eine Kreuzwegkapelle *ist* in gewissem Sinn eine Wallfahrtskapelle.

Er verläßt die Holzstufen, von denen aus dein Fenster von Laub verdeckt scheint, und geht an der ersten Sitzbank vorüber an den Drahtzaun. Dort gewähren die Büsche des dahinterliegenden Geländes dem Auge Durchlaß. Nichts mehr schiebt sich zwischen sein Auge und dein Fenster.

Ich glaube, das erste hintere Fenster vom zweiten Treppenaufgang gezählt …

Heute waren zwei Burschen mit der Säuberung eines Autos beschäftigt. Einer trug kurze Hosen. Einmal waren zwei Leute um die 35 auf dem Asphaltweg hinter dem Zaun ebenfalls mit einem Auto beschäftigt. Ob es dasselbe Auto war, weiß ich nicht. Es war offensichtlich ein Ehepaar. Es war beim ersten Mal, daß er dein Fenster von hier oben suchte. Die Sonne knallte heißer als heute. Heute ist ein angenehm milder früher Oktobertag mit viel Sonne und langsam durchziehenden Haufenwolken. Es war ein heißer Sonnabend oder Sonntag, einer dieser zahllosen viel zu heißen Tage des verstrichenen Sommers.

Einmal hat dein Fenster offen gestanden. An einem heißen Wochenende etwas später. Oder früher. Nein, den ganzen Sommer stand dein Fenster offen. Es war, um den neuen Anstrich trocknen zu lassen. Du sprachst doch davon, deinem Zimmer einen neuen Anstrich zu geben.

Ein andermal, das letzte, im September – Mitte September, auch so ein warmsonniger Tag – nein, einer der letzten Augusttage war's, denn er trug noch das Hemd, das er sich am Drahtzaun zerriß – da setzte er sich in die Wiese unter einen dürren, altverwachsenen Baum, von wo aus er dein Fenster nicht sehen konnte, und ließ den Wespen ihr Treiben, das ihn nicht belästigte. Nach einer halben Stunde – oder einer ganzen – ehe als einziger ich vorbeispazierte – stand er auf und schlug einen der möglichen Waldwege in Richtung seiner Wohnung ein. Einmal ging er auch an den Kasernen vorbei, was ein Umweg ist.

Er harrt nicht lange vor deinem Fenster. Er löst sich, ohne eigentlich zu zögern. Dein Fenster ist heute verschlossen.

Er geht einen der Wege, die von hier fortführen und vorgezeichnet sind.

17

Tag der blöden Schmerzen,
erwache, werde Gedanke!
Brich durch deine Wolkendecke eine Lampe hehren
[Zielen!
Zünde, Wind, Flammen aus dem klammknistern Funken!
Stillstehender Föhn, Bewußtsein,
das nicht gedeiht, Bazillus, der nicht
ausbricht,
Tag der plötzlichen Tode und des
holpernden Herzschlags,
hinterlasse keinen Nachkommen von deinem Geschmeiß!

18

Blutiges Laubrot.
Teppichbelag. Er geht weich, übersieht fast

diesen Zaunpfahl.
Band aus tausend Fäden,
die als Blut niederkommen,
nieder zwischen kahlen
Birkenzweigen und verwilderndem Mischwald.
Regendusche auf mittleren Touren.
Ein alter Mann bummelt
parallel, man sieht sich,
Herbstwälder decken schlecht.

Hei, schränkte dies Gebot der Schonung nicht
ein, wäre Kleiderangst nicht eine der ältesten Ängste
[aller
Bekleideten, Aron schmisse sich in das Laub!

Lautsprecherstimme durchkreuzt seinen Laubgrund
[harmlos.
Er biegt in Richtung Bahnhof
zur Stadt ein.
Mitten im Bild perlt verschwommen,
Nasengestell verspritzt, Tomatensoßenröte.
Spätzleartig, entgegen, zerfließen Klößchen
aus dem neuen Repertoire von Pfannox:
Verkehrsstau-Allee.
Durch eine Mischung aus Oxyddämpfen, gewisse
Abgaskombination, riecht
seine neue Bekanntschaft, die nicht kommt.
Ein alter Mann
patscht in das Pfützchen, ein Kind
kneift sich zwischen die Backen
Unterhose, Oma gafft übers Pflaster
versöhnt.

19

Nach langem eine Veränderung an deinem Mansarden-
[fenster:
ein Flügel ist aufgeklappt.
Laß die Sonne und die Frische des blauen Herbst-
[tags hinein!
Oder lebst du 350 Kilometer südlich jetzt
und deine um diese Zeit anwesenden Hauswirte lassen
Luft in das verwaiste Mansardenzimmer, damit das
[Holz
frei ausatme und ach alles
das so gegenwärtig erscheinen möchte?
Soll er denn nichts über dich wissen?
Man möchte Artist sein um der Gelegenheit willen,
seine Nummer zu wiederholen …

Verflixt, so meld dich doch!

20

Es plätschert im Hinterhof erfrischend. Dauerregen. Stimmung, Lyrik zu machen.

Steht seinem autofahrenden Bekannten, der nicht kommt, der Sinn danach, den Atem anzuhalten, gleich was er tut zu unterbrechen, zu horchen? Es muß am Rhein, bei seinem neuen Bekannten, noch mehr erfrischen. Dort müssen die Tropfen lebendig auf dem Wasser hüpfen, lebendig wie eine Erinnerung, die hellwach wurde, als plötzlich jemand in seiner netten Weise, mit dem ganzen Oberkörper zu wippen, zu nicken begann.

Wann zuletzt prasselte Regen auf Klumpen frischen Gartenabfalls in Hinterhöfen? Vergangene Nacht. Kurz nach Mitternacht begann es. Aron schrieb an – niemanden ein paar Zeilen.

Heute ist Allerheiligen. Fast jedes Volk hat seinen November. Am Totenmonat ist etwas dran. Wer sensibel ist, der mache ein Geschäft daraus und schreibe einen Novemberroman.

Es schüttet, aber die Salven vom französischen Truppenübungsgelände geben schon seit gestern abend Ruhe. Einzig die Wachen sind draußen. Aber die tragen Feldjacken, und wenn es schüttet, ist es meistens mild.

21

Ticken des Weckers ständig, Klappern einer Schreib-
[maschine
von nebenan – Metronome des unveränderlichen Plans
am schwarzen Brett.
Hollernder Ofen.
Mahnung an den harten Fußboden, der den Rücken
schmerzt, der sich
drauflehnt, Gardinen von eiserner
Synthetiksbeständigkeit,
einziges Fenster, das sich jedesmal gegen das
Öffnen
sperrt, auf den Hof, aus welchem gewöhnlich
Besuch

zu erwarten wäre. Ein Spalier, von außen
gegen die nahe Mauer gelehnt,
massive Bretter an der Wand, wie Lanzen,
unterlassene Schreie, da man gleich geschossen
käme
von nebenan.
Aron muckt nicht,
da die Frau, deren Tritte er über der Decke hört,
nachts wenig schläft.
Käme der Wächter doch,
daß er sich an seinem
geschmeidigen Körper freute, wenn er
vor seiner Tür schläft.

22

Vornehinaus sah er noch ein Menschengesicht
und Kinder spielten
im Hof drüben und auf der Straße.
Der Ofen hollerte geräuschloser, die Wände schluckten
die Vorträge seiner Zerrissenheit.
Ein unermüdlicher Kunsttischler ermutigte
zum Unermüdlichsein, auf einem fremden Gesicht,
[das gegenüber
vorüberfiel,
lag Unruhe der seinen verwandt, er
wußte noch nicht,
daß die Frau über ihm alles hört, nicht brauchte er
Bewegungen die von Gymnasiasten herüberzüngelten
[entbehren,

der Plattenpieler untergrub seine Arbeitsmoral nicht
ebenso stark
wie jetzt.

23

Taxus Weißdorn Efeu mischen sich nicht
ein, die Mauern halten dicht, das Gras wird
kurz gehalten und wuchert nicht,
die verkümmernden Birnbäume unterbrechen
nicht – warum richtetet ihr ihm dies
Hinterzimmer ein, wo das vorne
jetzt leersteht!

Ein Wort, er folgt, er kommt an euern
Tisch
er achtet
euer
Brot.

24

Fähigkeit des Beginnens, Durchhaltevermögen,
wer A sagt, muß B sagen?
Unfähigkeit maßzuhalten, sich zu ersättigen?

Er sucht heute wieder den Ort einer schwergewordenen,
seiner Trauer auf und es ist an einem Feiertag.
Und er ahnt und begreift
schon wieder nichts.

Nur soviel, daß er noch am nächsten dieser
Merksätze der Zeit, dieser lausigen Feiertage,
seinen Gläubiger die Zeit
nicht wird besänftigt haben.

Du verstehst das nicht, bist mit deiner Verlobten
[angenehm
zusammen oder
verkracht oder
von jemandem gelangweilt, den du
partout nicht ausstehn magst.

Er kennt das Straßenschild sehr gut,
vom Entdecken bis zum Leibjubel, diesem immer
[noch vertrauten
Gleich-sind-wir-am-Ort, diesem neuen
Ich-habe-dich-noch-nicht-aufgegeben.

Schon irrt er in der Dunkelheit … die
nächste Einfahrt!

Hinunter, leise, lauschend. Das Mofa parkt
im Schuppen am alten Platz.
Musik einer armen Geige und eines Cellos.
Fährst du sonntags mit dem Mofa nicht zu ihr?

Für diesen kurzen Augenblick kommt er,
diesen kurzen heimlichen Augenblick
Wundeauswaschen. Verbanderneuern. Dein Mofa
brennt auf der Seele.
Warum bist du heute nicht bei ihr?
Dort ein Spalt. Die hinteren Läden
schließen nicht dicht.

Aber doch gegen den Hall von Schritten hoffentlich?
Ernsthaft, das ist dein Ton,
dein nicht überragender, doch gediegener Ton.

Zwei Kilometer weiter zu Mareikes Wohnung.

Immer dieselben mit unsichtbarer Isolierwatte
miteinander verquickten Gestalten hinter
kühlen Fensterbänken, die die halbe
Bungalowbreite ausmachen.
Aron erwartet, nein, wünscht nur, daß du anrufst.
Nicht mal etwas Privates.
Ihr hattet so eine Abmachung noch, wegen einer
[Lektüre.
Die Versuchung des Pescara.
Oder doch, etwas Privates:
war er zu eifersüchtig? Eine Auskunft.

War er's?

Er wollte dich, ihm lag an dir.
Haben oder lassen.
Menschen sind nun mal so.

Habenichtse.
Er will dir sagen bei deinem Anruf, er kennt das nicht,
daß sich seine Haltung von heute auf morgen
ändert. Hast du Einflüsterungen? Hörst du die Stimme
des Heiligen Geistes? An Feiertagen wie heute
soll man diese Stimme hören.

Er wählt die Straße nach seiner Wohnung zurück.
Es ist dieselbe Straße, die du benutzt,

wenn du mit dem Mofa
zu Mareike fährst.

Ihr begegnet euch diesmal nicht.

25

Er hatte Gott und Glauben nie besessen
und suchte an der Kreuzung jetzt die Zucht
der Straßen zu befragen. Seine Flucht
zerrann im Ziellauf ihrer Heliumblässen.

O Straßen seiner Stadt, macht ihn geborgen,
der euch fast wie man einen Teppich tritt
in Liebe gern beging, doch jetzt so litt
und Heimat suchte und ein Herz für morgen,

denn das dem Umriß dort, den er so mochte,
der in den Bus steigt, angeknüpfte Band
geriet zum Warten auf den Weihnachtsmann.

Das Licht zerfloß, das heftig Zeit durchpochte.
Da sah er ein, daß er danebenstand
und Abweg fürchtend hatte nichts getan.

VII. FLÜCHTIGE SONETTE

Mechanismus

Sein erigiertes Glied:
Arglosigkeit? Vertrauen? Skrupellosigkeit?

Als seine Arglosigkeit
am Widerstand deiner nicht gewollten Abwehr
scheiterte, zerbrach sein Zweifel
an deinem Vertrauen und lag zertrümmert
vor seiner nun erkannten
Gewissenlosigkeit.

Gewissen

Gewissen?
Jedem das Seine,
jedem seins.
Wir zahlen und empfangen.
Wir spielen und verlieren.
Wir müssen den
Unterschied lernen.

1

Das Leben? Meistens war's ein wirres Spiel.
Die Seifenblase stieg, schwoll an, verweilte,
zerplatzte. Das verwundete Gefühl
befand, daß alles nichts sei, Hauch enteilte.

In einem Augenblick kam so ein Traum
und wühlte dieses Fragespiel „Bist du es?“
von jetzt auf gleich im Sturmwind auf. „Wohl kaum!“
Das alte Ego sprach's. Das neue: „Tu es!“

Fünf Jahre gehn ins Land. In einer Nacht
trifft man sich wieder. Flüchtig? Nein, mit Macht
hängt einer an dem andern. Wieder Spiel?

Wohl Spiel und Hauch und aber auch ein Weg,
ein langer, unbekannter Weg. Am Steg,
am schmalen, zieht ein karmisches Gewühl.

2

Wir liegen uns in Armen und es ist
so intensiv, daß es mich schier zerrisse,
befürchtete ich nicht, der Traum verschlisse
sich rasch und allem eigne was von List.

Du bist ein herziges, charmantes Aas,
ein geiles Stück und frecher Kopfverdreher,
die eine Hand gestreckt, die andre näher
der Lachfaust – spiel den Knaben, Unschuldsgras!

Und mystisch bist du, hängst am Ideal,
sagst: Schicksal. Typ ich, der dich anzieht, doch
ich stehe nicht im Winkel deiner Wahl.

Und wenn sich hinter sieben Panzertüren
ein Mystiker verbörge, toll und noch
viel irrer? Leinen muß man selber führen.

3

Ich hab dich kaum gekannt und doch bist du
vertraut auf Anhieb wieder, wie von einer
versunknen andern Sphäre. So hält keiner
den Schlüssel zu den Türen meiner Ruh.

Nur meiner Ruh? Nein, Unruh ebenso.
Ruh, Unruh, das durchdringt sich. Wahr ist, daß ich
dir anvertrauen könnte Ruh und was ich
an Unruh hab. Sieh denn mein Leben so:

du kannst aus mir den Menschen machen, der
ich bin, doch nicht bin, wenn du achtlos gehst.
Ich bin nicht niemand, mit dir bin ich mehr.

Du zeigst und du verlangst, daß ich erfasse,
daß zwei und zwei nicht vier sein muß. Du gehst
und gehst doch nicht und ich, ich Hirnmensch, rase.

4

Das war nach unserm ersten Wiedersehn.
Nach unserm zweiten hing ich noch viel wirrer
den Wünschen der vergangnen Jahre, ihrer
vom Tag bedrohten Sehnsucht nach. Dich, wen

denn sonst, hob ich von Mal zu Mal, von Zeit
zu Zeit in jene Wolkensphären wilder
beglückter Raserei. Geträumte Bilder,
dagegenwettet graue Wirklichkeit.

Vielleicht war es ja nur der Sturmmoment
in einem trist ereignislosen Leben,
der Kick, der ein paar Stunden währt, halt eben

der kleine Pusch, der frisch und reinigend
den Staub und Muff aus diesem Tal bewegt
und Luft zum Atmen in die Straßen fegt.

5

Nach Cäsars Leitspruch „Männern Frau und Frauen
der Mann“ zerrst du vom Grund den Anker los,
der in der weiten See, der schlummerblauen,
vergessen ruhte. Ob der Wechselschoß

von damals heute Lösung bringt? Nicht hier nur,
sonst auch zeigst du den alten Antigeist,
willst Egotrip, das muß jetzt sein, da dir nur
zum Schluß Karriere, nein?, genug verheißt.

Dann wieder sprichst du von dem Partner, der
aus Bayern, wohl aus Neustadt, kommen müßte,
obwohl auf deinen Exfreund äußerlich

vom Typ, bloß was zählt letztenendes mehr,
vielleicht doch besser niemand, wenn man wüßte,
hinausläuft, schwätz nicht, unterbäuchlich ich.

6

Ich bin der schnellste Schreiber von Sonetten.
Zu dieser späten Stunde jedenfalls.
Und auch der wichtigste. Insofern als
sonst keiner jetzt die Dinger dichtet, wetten?

Doch wetten sollt ich besser nicht. Im kargen
verträumten Kämmerlein schreibt mancher arme
Pennäler wie im ersten Liebesharme
poetisch selbst ich tat von seiner Argen.

Mit diesen jungen Dachgeschoßpoeten
wetteifer ich um zwei Uhr fünfzig.
Die Schreibhand hinkt. Ich bin um *drei* Uhr fünfzig

wohl noch zugange. Meine Finger kneten
im Geiste dir am … Arsche. Daran liegt's,
daß nichts mehr reimt, der, Freundchen, o, der kriegt's!

7

Jetzt hat der Gram dich eingeholt, der Gram,
der jeden faßte, der die Heimat frisch verlor
und Sein für Schein und Schein für Wahrheit nahm.
Was geht in dir, du Sonneloser, vor?

Das Leben, das drei Jahre lang bei dir
Besucher war und dich mit Glanz und Schwung
erfüllte, schlug vor deiner Stirn die Tür
und läßt zurück den ekelgrauen Dung.

Die Sonne ist ein Irrlicht, Sicherheit
gibt's nirgendwo, denn alle Funkelsterne
sind Traumgespinste, flüchtige, der Zeit.

Sie kommen, gehen, wie vor Ewigkeit.
Nur eines bleibt: der Wandel. Nicht mal ferne
winkt Halt. Kein Schiff, kein Anker weit und breit.

8

Wir haben eins gemeinsam: Heimat scheint
nicht mittelfristig, auch nicht fern in Sicht.
Es drängt uns etwas hoch ins Rampenlicht.
Dann stehn wir oben und die Seele weint.

Denn etwas läßt uns nicht in seine Mitte,
grenzt aus uns, mag uns nicht entgegentreten.
Zwar lockt es uns mit kräftigen Magneten,
doch gehn wir dran, dann meutert's: „Bittebitte!“

Wir können's drehen, wenden, wie wir wollen,
wir werden eines niemals sein: in dieser
Provinzstadt, der verborgen teils, teils oben

im Rampenlicht wir Kraft und Einsatz zollen,
wir werden eines niemals sein: in dieser
Provinzstadt herzlich ehrlich aufgehoben.

9

Nicht Trier ist meine Heimat und nicht Neustadt,
und Saale heißt mein Heimatfluß so wenig
wie Mosel, und die müden Glieder lehn ich
nicht auf das Prunkbett und nicht auf die Heustatt.

Stadt oder Land, ich kann nicht recht zuhause,
nicht ruhig in mir selber sein. Geschwister
und Eltern selbst erleichtern den Tornister
nicht wahrhaft, schenken höchstens flüchtig Pause.

Die Heimat, die noch übrig bleibt, schwebt über
und unter mir und winkt mich zu sich rüber.
Sie ist sehr weit und unermeßlich groß.

Die Menschenwelt hebt keine Lösung für
uns auf. Nur einer, spottend, macht die Tür,
kaum schlitzweit, auf: der Kosmos, gnadenlos.

10

Was fangen wir mit einer Heimat an,
die sich so kalt und unverlockend zeigt?
Meint es der Kosmos denn nur schlimm, wenn man
zu diesem Liebesexotismus neigt?

Du denkst in deinem Schmerz und rechnest kaum
aufs Gegenteil, daß dem so sei und nur
ein Neugierkitzel spiegelt, dort, den Saum
von Sternenlicht als zarte Wahnsinnsspur.

Ja Wahnsinn, denn das hält nie lange vor,
gerinnt zu nichts wie dürres Zauberwerk,
das sich am Horizont verirrt verlor.

Nichts Gutes fällt dir für den Zustand ein,
der dich erwartet hinterm Berg.
Spring bitte nicht, er könnte noch viel schlimmer sein.

11

Ich spielte Orgel für die Nonnen heute
nachmittag. Ja, das sind zum Beispiel Leute,
die wissen wo und wie und was weswegen.
Die leiden auch, doch immer überlegen,

oder im Gegenteil recht unbedacht,
weil schon was andres sich Gedanken macht,
ein Buch, ein Rektor, eine schlaue Regel,
ein tiefgebeugtes Knie, ein Weihrauchschlegel.

Dazu sang hell der Nonnenchor. Wie Mädchen
im zarten Alter sangen reife Frauen,
naiv und ahnend, selig und erbärmlich.

Verfehlte Samen quiekten in den Rädchen
der großen Sämaschine. In den Klauen
des Wahnsinns zirpten Kindlein traurig, ärmlich.

12

Was diese schwarze Schar aus freien Stücken
erleidet, sollte uns als Schicksal schon
mit dreißig Jahren und dann ohne Lücken
bis zum vergrämten späten Ende drohn?

Das Leben hat doch erst an uns gerochen
und schon soll die verfluchte Einsamkeit
mit ihrem kalten Strahl die schmalen Knochen
aufs Kissen zwingen? Schürten wir denn Neid?

Bei jenen etwa, deren Nonnenglaube
mit Ausgleich freundlich winkt? Weil wir wie Gott
die Dinge selbst erschaffen, selbst die Traube,

die Kelter und den Wein, der im Pokal
so hübsch exotisch blinkt? Weil wir wie Gott
die Zeit durchflüchten wie nach eigener Wahl?

13

Du mußt mir zeigen, wie man stärker liebt
und sagen, wenn ich's dir zu wenig tue,
du mußt mich rütteln, wenn ich meine Schuhe
noch anhab und es was zu mäkeln gibt.

Du mußt mir sagen, wenn du mich nicht so
wie gestern magst, denn Liebe wird oft schwanken.
Gedanken können sich um vieles ranken
und morgen sind wir beide wieder froh.

Ich will dir auch gestehen, daß ich dich
nicht immer so wie heute liebe. Tage
sind wie die Vögel. Nur das Wort steht fest,

das ich vertrauend gebe. Laß ich dich
und läßt du mich so ehrlich sein, dann wage
getrost mit mir und auch mit dir den Test.

14

Der Mann, mit dem du am intimsten warst,
stieß dich zurück, verriet dich, dich und alles
was fest im Boden stak. Und du gebarst
dich wirr im Nachklang seines letzten Hallos.

Was hat er angestellt? Dein schmal und hohl
gemergeltes Gesicht, die Augenränder
verraten Schlimmes. Manchmal lachst du wohl,
schaust her und schlägst wie früher luftge Bänder.

Die Frau, mit der du einst geschlafen hast,
ließest du stehen für ’nen Kerl. Ich weiß nicht,
wer wen verletzte, eins nur: es geschah.

Du mußt dich lösen. Dort im Hafen haßt
er dich wie blindes Gut. Er bricht das Eis nicht,
er spuckt und läßt dich festgefroren da.

15

Du rückst mir fern und ferner, währenddessen
du immer noch dort sitzt und von dem Mann
erzählst, den nicht Vernunft noch irgendwessen
Gesicht dir aus dem Dickkopf treiben kann.

Ich höre zu und folge mit Intresse
von Cholera zu Pest. Ich gebe dann
und wann ’nen Kommentar. Das jagt die Blässe
aus meiner Stirn und regt ein Funkeln an.

Und wenn dein Kopf bis auf paar Zentimeter
dem Funkeln näherrückt, dann denk ich: „Beiß
der Hund doch alle Ferne, nah ist Peter!“

Hick, heißt du Peter? „Met-“ auf „Pet-“, das dichtet
sich gut. Wir machen’s so den Leuten weis.
Dein Trauern aber hab ich *echt* geschlichtet.

16

Jetzt weiß ich's: das, genau das suche ich,
das Ständig-Komm-und-Gehen-Spiel. Nicht Ferne,
nicht Nähe, beides wohl, und auch wohl gerne
das Schweben, wenn die Ferne Nähe glich.

Das Fiftyfifty, plus, mal minus, das
gefällt mir, fünf darüber, fünf darunter
und fünf darunter, fünf darüber, bunter
verrann mir nie das Daseinsstundenglas.

Du rufst in mir den Spieler mächtig wach.
Nicht du allein, auch ich manipuliere
nach Herzenslust und lege Feuer nach.

Es hat etwas von ewiger Affäre,
wenn ich die Zeit mit deinem Glitzern ziere
und mehr den Spaß als meine Trauer nähre.

17

Du schenkst mir Glück, ob leider nicht das ganze,
ich seh das offen, mache mir nichts vor.
Ich wieder schenke Zeit dir und ein Ohr
und trauer mit dir über totem Glanze.

Du schenkst in deinem Nachklang einen Eifer,
Intensität und Seelenvibration,
daß ich, wofür ich Tage brauchte, schon
in zehn Minuten schaffe und viel reifer.

Die Wortgespinste sind ein ernstes Spiel,
ein wolkenschwerer Ernst, ein Farbensport,
sind Flüchtigkeit und Luft, nicht allzuviel,

ihr Wachsen hat etwas von Zeitrekord
und doch, du schenkst den Dingern einen Stil
und Kraft und trägst den Schreiber flüchtend fort.

18

Man bleibt in diesem Leistungsdenken „Oft
und meisterschaftlich, fetzig, dabei lieb,
ganz unbedingt und hart und doch stets soft,
so ist ein Mann“ gefangen, wenn kein Hieb

von einem guten Freund im Scherz getan
wachrüttelnd von der Sklavenfron befreit:
„Zum Lachen: Leistungsanspruch? Leistungswahn!
Gefühle zählen, wir sind Technik leid!“

Der Balken wackelt, der den Nacken drückt.
Der Balken fällt. Ein Ruck im Schulterblatt.
Aufatmen. Doch der Mann drumrum? Schachmatt.

Ein *wacher* Sklave jetzt, dem nicht mehr glückt
die Sache Sex, wie seit geraumer Zeit
das Wunder Mann an ihm nicht mehr gedeiht.

19

Als Anfang März in jenen Jahren wir uns
zum ersten Mal hier trafen – ich hab von den
Gestirnen, den Geburts- und Transitmonden,
den Feldern nichts gewußt – , als eine Tür uns

zum nächsten Bett, doch nicht zum Kosmos offen
winkte, da wiesen die Ephemeriden
gewisse Konjunktionen aus und wie denn
die Luft sich füllte mit den Wahnsinnsstoffen.

Mondknoten war's, was uns an Venus rührte,
Saturn beschwerte mir Saturn, dir Neptun
und Pluto warf ein Jupiterquadrat.

Viel Wirrnis, die das Bild mit Früchten zierte,
die konnte man nicht einfach zum Rezept tun
wie eine Suppe, einen Krautsalat.

20

Warum nicht weiter? Schade, das war heiß!
Und als du weg warst, gab's ein Donnerwetter,
du weißt schon, unvermeidlich. Was ein netter
entblößter Hintern doch für Dinge weiß!

Dran, drin, der Unterschied war klein und schon
bedrängend. Heidewitzka, Engel tanzen
auf halbem Wege, wie erst auf dem ganzen!
Von Hintern kommt das Wörtchen Fick-tion,

Pardon, das Wort schreibt sich mit K allein
und von Fiktion mit K und ohne C
hab ich die Nase voll, jetzt geht's ans … Drücken.

Dein Hintern rührt zu Tränen, zieht mich ein.
Da liegt der Hafen dieser Welt voll Weh,
des Rätsels Lösung, Mann, das muß doch glücken!

21

Für später wies die schlaue Sterntabelle
indes auf eine scharfe Blitzaffäre,
die Neptun, wieder, angreift diese Zähre
die ständig Nebel tränt in Morgenhelle.

Und Uranus der unberechenbare
verletzt im beiderseitigen Vergleiche
ja ohnehin schon unsre Monde. Weiche
Gemüter warnten jüngst: daß Gott bewahre!

Provokation, Skandal und Niedergang
und alles Schlimme stünde mir bevor,
wenn ich mit diesem windig lockern Fang

das heiße Rendezvous begehrte. Heut
erwischten wir uns am Garagentor,
wir lachten kindlich, ungehemmt erfreut.

22

Wer klammert, ist nicht unverkrampft, du sagst es.
Ich klammerte mich damals an und kriegte
eins auf die Finger. Doch du selber wagst es,
das gleiche Spiel, bei dem noch niemand siegte.

Du klammerst dich an jenen andern Dunkeln,
der seinen Bart schon längst in fremden Spalten
den Mop sein läßt. Die Augen lasse funkeln,
dein blauer Blick kann nicht den schwarzen halten.

Ich will mich nicht mehr klammern wie in jenen
erregungsvollen Tagen, will mich sehnen
nicht so nach deinen schmalen Schulterlehnen,

will zwar dich sehn und doch nicht hektisch bange,
nicht zweifelnd warten müssen, wenn die Wange,
die liebe, heute fehlt. So währt es lange.

23

„Zwei Künstler oder Individualisten,
unmöglich“ sagst und nennst die Balletteuse,
mit der’s nicht klappte. Nun, die Dorffriseuse
ist pflegeleichter, hat´s nicht mit dem Tristen,

das manche knieverspannte Ballerina
in untern Regionen mächtig drehen,
mag sein auch durchdrehn läßt. Entspanntes Gehen
ist andern vorbehalten, so Mar*tina*,

der unbekannten Dame, die du nennst
als Frau der Zukunft, deiner Zukunft, falls
der Kosmos nicht, der Fingerzeig des Alls,

den du aus Sterntabellen flüchtig kennst,
die Weichen hin zum andern Ende stellt,
wo *Mar*tin wartet, der dir mehr gefällt.

24

Zweimal warst du in meiner Wohnung. Deine
Studentenbude hab ich nicht gesehn.
Die Haustür nur, am Blocksberg 10,
durch die ich, wenn's die Post nicht machte, meine

Gedanken in diversen Lieferungen
hindurchschob, nur den Schlitz, die Tür, das Schild,
die Straße kenn ich. Und dann noch ein Bild
von schwarzen Fenstern, schweigend nachts besungen.

Das war's dann schon. Vielleicht zwei Diskussionen
am Telefon im Gehen noch. Bilanz:
nur selten will sich unser Warten lohnen.

Doch nicht vergessen die Gedichte, zwanzig,
paar mehr. Die Nullprognose stimmt nicht ganz.
Dein Lippenabdruck dort am Glas blickt ranzig.

Der Tänzer

Anlauf und Sprung und Stop. Exstase, dic sich
des Überschwangs entschlägt, geballte Kraft,
die ihre eigne Fessel hütet, nie sich
am lauten Ruf der Freiheit freut. Den Schaft

der Tänzerstiefel sieht er leis dann zittern.
Doch der sie trägt, entblößt bei jedem Drehn
ins Publikum die Zähne, läßt den bittern
Geschmack der Mühn im Bubencharme zergehn.

Wie es an Kräften zchrt, geschmeidig zart
die fast zu große Partnerin zu heben,
das läßt sich aus der Nähe förmlich greifen.

Zum Saal hin wird das Klassische apart.
Und beide ziehn, als wär's ein leichtes Schweben,
im bunten Strauß Glissaden, Kreise, Schleifen.

Aus dem Abstand

Die Mühsal ist im Publikum nicht mehr
zu sehn. Das Lächeln, nicht die wetterfeste
erbarmungslose Spannung seiner Geste,
der Charme, nicht die Beherrschung strahlt hierher.

Wie beim Gemälde, das von ferne alle
Härte Verkrustung Sprödigkeit verliert,
dringt was in seinen Zügen sich zentriert
hauchfein verteilt ins Fluidum der Halle.

Beim Pas de deux adagio, diesem Tort,
legt Abstand Ebenmaß und Silberglanz
leichtgängiger Musik um Mann und Tanz.

Er bleckt die Zähne schön wie einst Narziß.
Wie jener strebt er schwebend kommend fort,
unnahbar, sphinxhaft, seines Siegs gewiß.

Von nahem

Helläugig, blonde Mähne, schwarze Brauen,
Gestalt und Glieder filigran, kein Bart,
auch die verschämten Nippel unbehaart,
zu selten kam das vor an einem lauen

Maifeiertag. Der glatte blonde Knabe,
an den der Tänzer ihn erinnert, trug
in Schwarz sich auch und pflegte, so als Spuk,
Ballettgedanken: Sonnyboygehabe.

„Zum Tanzen und zur Bühne zieht's mich hin,
wie jetzt zu dir." Der Knabe ging. Die Narben
blieben. Das Leben hat nicht viel im Sinn

mit euch und schenkt statt Liebe Wolkenfarben.
Was jener ihm im letzten Winter war,
das stellt der Tänzer auf der Bühne dar.

Die Unbekannte

Daß du hinter mir gehst, du Unbekannte,
in einer klaren Nacht im August,
du Fern- von allem, du Getrennt-, du Verbannte,
weil ungeliebt, weil ungewußt.

Deine Geilheit, die mir nachstellt, sie erregt nicht,
weder mich noch den kitschigen Sichelmond.
Sei froh, daß die Spätnachtwärme Wunde schont,
was *ich* an Wärme habe, das hegt nicht.

Es führt oder sonstwohin dein taumelnder Weg
dich ins Gewühl einer Diskothek.
Du siehst den Hereinverirrten mich an dem allen
wie schon am Abend neulich ohne Gefallen.

Mag sein daß ein flüchtig grelles Licht mich da streifte
und es war, wie wenn aus Dunkelm, befreit von Scham,
umrißlos ein Blick an mir schweifte
und ich, im Zögern, ihm Leben nahm –

nichts ahnend von Hauch und Sterben an meiner Lende,
auf die du sichelmondsüchtig versunken starrst,
enteil ich durstig dem Krach verrauchter Wände
hin in die Nacht und du harrst.

WOLKENFARBEN
EIN LEITFADEN

Während der erste Antrieb zum Dichten häufig der ist, einer angebeteten Person erotisch-sentimentale Grußadressen zu schicken (die dann oft auch bei ihr landen), verfolgte ich von meinem 15., 16. Lebensjahr an unbemerkt von anderen das Ziel, Herr über ein großes Arsenal metrischer Formen zu werden. Seltene Metren wie das Distichon (*Mutter und Tochter*), die Ode (asklepiadeisch: *Projektion*) rettete ich in mein Heute herüber, ebenso den Dreizeiler (*Die Großkusine*; *Lärm; Der Kritiker*), die Litaneienparodie und die Fünfzeilerstrophe, die mir schwerfiel. Besondere Affinität entwickelte ich zum Sonett, das mir später so leicht von der Hand ging, daß ich in einer Arbeitssitzung einmal acht hintereinander und in der nächsten vier oder fünf zu Papier brachte, manche in weniger als 20 Minuten.

Lange bevor Texte druckreif vorlagen, begann ich mit dem Ordnen. Mir schwebte ein aus vielen Einzeltexten bestehendes großes Ganzes vor. Es war die Zeit, als ich Conrad Ferdinand Meyer für mich entdeckte. Wie aus meiner 1994 erschienenen Meyer-Studie *Die Felswand als Spiegel einer Entwicklung* und dem Bonusmaterial meiner Hörbuch-Edition seines gültigen Gesamtwerks auf fünf MP3-CDs 2008 hervorgeht, diente mir seine monumentale Komposition *Gedichte* als Vorbild.

Die vorgelegten Lyrika erreichen freilich allenfalls vier Neuntel des Umfangs von Meyers *Gedichten* und noch weniger, wenn man dies auf die eigentlichen Gedichtformen bezieht. Denn anders als Meyer ließ ich freie Rhythmen und sogar Prosa innerhalb der Abschnitte zu.

Das Resultat versteht sich ausdrücklich als Kontrast zu metrischem Dilettantismus, wie er selbst bei Lyrikern unterhalb des freilich höchsten Niveaus eines Conrad Ferdinand Meyer anzutreffen ist. Insbesondere waren zu vermeiden:

- Verdrehung (Inversion) korrekter Satzstellungen, um die Sprache ins metrische Schema zu pressen;
- Interjektionen und sprachliche Konstruktionen, um Lücken im Vers / in der Strophe zu füllen (Füllwörter / Füllverse);
- Bilderinkonsequenz (Unreinheit der Bilder), um einen geforderten Reim zu erzielen.

Zur Illustration möchte ich den Leser mit einem Gedicht von Meyers Zeitgenossen Gottfried Keller konfrontieren, dem Sonett *Dankbares Leben*:

Wie schön, wie schön ist dieses kurze Leben,
Wenn es eröffnet alle seine Quellen!
Die Tage gleichen klaren Silberwellen,
Die sich mit Macht zu überholen streben.

Was gestern freudig mocht das Herz erheben,
Wir müssen's lächelnd heute rückwärts stellen;
Wenn die Erfahrungen des Geistes schwellen,
Erlebnisse gleich Blumen sie durchweben.

So mag man breiter stets den Strom erschauen,
Auch tiefer mählich sehn den Grund wir winken
Und lernen täglich mehr der Flut vertrauen.

Nun zierliche Geschirre, sie zu trinken,
Leiht, Götter! uns, und Marmor, um zu bauen
Den festen Damm zur Rechten und zur Linken!

Mein Eindruck bei der Erstlektüre war der des Unbeholfenen und Holprigen. Bei mehrfacher Wiederbeschäftigung über einen längeren Zeitraum hin legte sich dieses Unbehagen zu einem Teil, doch blieb immer ein Zwiespalt zwischen Vorbehalt und zögerlicher Akzeptanz. War das der

Gewöhnungsfaktor? Mitunter akzeptiert der Betrachter ja Fehlerhaftes, wenn er es nur oft genug sieht oder hört.

Das wiederholende „Wie schön, wie schön“ der ersten Zeile gibt gleich am Anfang einen schwärmerischen Grundton vor, dem der Rest des Gedichtes sich unterordnet. Die Einschaltung des zweiten „wie schön“ entspricht einem bewährten Mittel, Affekte zu unterstreichen, könnte aber auch bereits der Erfordernis geschuldet sein, den Vers zu füllen, der beim klassischen Sonett fünf statt der im Deutschen gängigeren nur vier Betonungen (Hebungen, Versfüße) vorsieht. Es gibt im weiteren Verlauf etliche Hinweise, daß Keller den Vorgaben der fünffüßigen Sonettzeile nur mit Mühe entsprach.

Bereits in der zweiten Zeile wendet er ein vielbenutztes Behelfsmittel an. Der Satz würde in einfacher Formulierung lauten: „Wie schön ist dieses kurze Leben, / Wenn es seine Quellen offenbart.“ Durch die gewählte Formulierung „Wenn es eröffnet alle seine Quellen“ erreicht der Dichter folgendes:

1. Er umgeht die betonte Silbe am Versanfang und hält so das Metrum ein. Er gewinnt auf der anderen Seite eine unbetonte Silbe hinzu: und zwar genau die Senkung, die er bei alternativer Wortwahl mit „offenbart“ missen müßte. Die Maßnahme erfolgt um den Preis einer gewissen gestelzten Bildlichkeit. Das Leben wird in die Nähe eines Impresarios gerückt, der einen Theatervorhang aufzieht. Aber vielleicht hat auch dies besonderen Reiz.

2. Durch die grammatikalisch zwar noch akzeptable, aber ungewohnte Abfolge „Wenn es eröffnet alle seine Quellen“ bringt der Dichter das Reimwort auf -ellen an die gewünschte Stelle am Ende seines Verses.

Das „alle“ hier wie das zweite „wie schön“ in der ersten Zeile, das „klaren“ in der dritten und das „mit Macht“ in der vierten Zeile wirken leicht klischeehaft und könnten vorrangig der Auffüllung dienen.

Um seine Verse zu füllen und die Reimzwänge zu bedienen, nimmt Keller beim nächsten Beispiel eine in

Bezug auf die unbelebte Natur erst einmal aufgeblasen wirkende Metaphorik inkauf, indem er von klaren (also wohl eher nicht vom Sturm gepeitschten, sondern ruhig dahinfließenden) Silberwellen spricht, die einander (dennoch) „mit Macht zu überholen streben". Der Leser muß beim „mit Macht" den naheliegenden Vergleich mit einer Meeresbrandung ausblenden und sich ganz auf eine „Täterschaft" der „Tage" einstellen, dann wird das als Allegorie vielleicht annehmbar.

Was gestern freudig mocht das Herz erheben

– erneut zieht Keller unter dem Zwang von Reim und Versfuß das Verb nach vorne –,

Wir müssen's lächelnd heute rückwärts stellen

– hier setzt er einen vollständigen Hauptsatz an die Stelle der zu erwartenden Satzergänzung: Inkonzinnität durch Umkehrung der zu erwartenden Reihenfolge von Subjekt und Prädikat (müssen wir) plus Doppelnennung des Objektes es ('s).

Wenn die Erfahrungen des Geistes schwellen,
Erlebnisse gleich Blumen sie durchweben.

In der letzten Zeile kehrt er unter dem metrischen Zwang erneut die Wortfolgen um, und zwar sowohl Prädikat und Subjekt als auch Prädikat und Objekt. Die Zeile würde grammatikalisch korrekt lauten: Durchweben Erlebnisse sie gleich Blumen.

Die Begriffe „Erfahrung", „Geist", „Erlebnis" der Halbstrophe folgen unanschaulicher Goethetradition. Die Geisteserfahrungen, die schwellen, laufen dagegen auf Interpolationen preziöser Art hinaus, wie Molière sie so gern verspottete. Die Durchbrechung des bis hierhin durchgehaltenen Strom-Wasser-Wellen-Bildes mit einem

Vergleich aus der Botanik läßt die Schwierigkeiten handgreiflich werden, die Keller hatte, erneut einen Reim auf -eben zu motivieren.

So mag man breiter stets den Strom erschauen,
Auch tiefer mählich sehn den Grund wir winken
Und lernen täglich mehr der Flut vertrauen.

„Strom“, „Grund“ und „Flut“ kehren zum Gewässervergleich zurück und belegen, daß der Dichter die Einheit in der Wahl der Bilder grundsätzlich wünscht. Nun häuft er die Adverbien aufeinander: „stets“, „auch“, „mählich“. Das hilft füllen. Dann fällt der Austausch des Personalpronomens „man“ gegen das „wir“ in der zweiten Zeile auf. Der technische Grund ist der: Keller wollte die dritte Zeile korrekt besetzen. Im Singular hätte er statt des zweisilbigen „lernen“ nur ein „lernt“ zur Verfügung gehabt und erneut ein Füllwort suchen müssen. Beim Plural für das gesamte Terzett hätte er dagegen in der ersten Zeile statt des einsilbigen „mag“ die Pluralform „mögen“ erhalten. Die ganze Strophe wäre durcheinandergeraten.

Nun zierliche Geschirre, sie zu trinken,
Leiht, Götter! uns, und Marmor, um zu bauen
Den festen Damm zur Rechten und zur Linken!

Die letzte Strophe geht unter den geschilderten Kriterien durch, sie wirkt allerdings unter Aspekten eines kräftig abrundenden Sonettenabschlusses nach dem Vorangegangenen nicht allzu prägnant. Zur Bezeichnung des aus allen Richtungen einströmenden Reichtums an Erlebnissen und Erfahrungen finden wir ein fast müdes „zur Rechten und zur Linken“, ein, verglichen etwa mit Meyers kleinem Gedichtetriptychon *Lenz Wanderer, Mörder, Triumphator*, dürres Pars pro toto, das durch Ausrufungszeichen und Stellung am Ende etwas mühsam aufgewertet erscheint.

Die lebenszugewandte Aussage berührt an diesem Sonett und schimmert durch, sowie man sich durch Haken und Ösen der Form durchgekämpft hat, als Sprachkunst dagegen wirkt es ernüchternd.

Inhalt und die Vorgaben der Form – Betonung, Anzahl der Silben, Reimstellung – zur Deckung zu bringen, wie (auch unter diesem Gesichtspunkt exemplarisch) in Meyers Siebeneinhalbzeiler *Der römische Brunnen* geleistet, erfordert die Präzision eines Feinmechanikers. Alles so hinzudrehen, daß es organisch gewachsen wirkt und dennoch millimetergenau paßt, macht Dichten mit Metren anspruchsvoll und in vielen Fällen über gemeinhin vorstellbares Ausmaß zeitraubend.

Jeder Verfasser metrischer Texte stößt irgendwann auf formal-inhaltliche Fallstricke. Die Auswege differieren, die Lösungen sind unterschiedlich intelligent.

Dazu die folgenden Zeilen aus Meyers Erzählgedicht *Das Münster* (nachzulesen in *Gedichte*, Buch VII, *Frech und fromm*):

Der Jüngling hebt ein Pergament
Aus einer Lade, die er kennt,
Er breitet auf die Lagerstatt
Ein langsam aufgerolltes Blatt [...]

Der Zusatz in der zweiten Zeile „die er kennt“ könnte formale Füllung sein. Er korreliert aber eng mit der Faszination, die die Truhe als Schatz- und Ideenkammer des sterbenden Baumeisters im Gedicht auf seinen Sohn langeher ausübt, und nimmt den Ausgang der Erzählung vorweg, der den Sohn als Nachfolger bestimmt.

In den Zeilen 3 und 4 jedoch boten sich dem Dichter ernsthafte Hindernisse, das Gemeinte in feste Form zu gießen. Genaugenommen bereiteten ihm die sechs mittleren Verssilben der vierten Zeile Kopfzerbrechen. Für die Information hätten zwei karge Silben, „das Blatt“, genügt. Was macht Meyer? Er fokussiert den zunächst auf den

Bewegungen des Sohnes ruhenden Blick auf die Veränderungen, die mit dem Pergament selber vor sich gehen. Er lenkt die Aufmerksamkeit des Betrachters von der aktiven Perspektive des Handelnden auf die passive des Pergaments beim Aufgerolltwerden.

Das der Verlegenheit entsprungene Ergebnis wird zu einer spannenden Lösung, die den Leser belohnt. Sie belohnt ihn durch die gemäldehafte Plastizität der Schilderung an sich und deren Entsprechung im Thema des Gedichts, das um Kunst kreist und als eine verbale Inkarnation der verschlungenen Schlankheit eines gotischen Domes gelten kann, und sie belohnt ihn durch den augenzwinkernden Schulterschluß, mit dem der Dichter den um die Regelschwierigkeiten des Metrums Wissenden an seinen Überlegungen teilhaben läßt.

Ein solcher war der Trierer Philosoph Gottfried Kneip (1926 bis 2005). Er wies in Bezug auf ein anderes Gedicht (das reimlose Jambengedicht *Der tote Achill*) einmal daraufhin, daß Meyer dort in Zeile 35 einen Versfuß zuviel gesetzt habe (sieben statt der geforderten sechs: „Ver*glim*mend *wie* der *A*bend *ei*nes *hei*ßen *Schlach*ten*tags*“), zum Ausgleich in Zeile 40 dann aber einen Versfuß zu wenig (fünf statt der geforderten sechs Betonungen: „Sieht *dir* nicht *ähn*lich, *He*ros! *E*her *fährst*“).

Kneip war es, der als erster Mensch in meiner Umgebung im Gedicht *Der Musensaal* das Fehlen einer der Göttinnen aus der Neunergruppe monierte. Hier hatte Meyer sich einen Schelmenstreich erlaubt: die Muse Klio führt, wie einige Seiten zuvor in *Der Triumphbogen* berichtet, gerade eine Schar italienischer Schnitterinnen in die Ernte und kann nicht anwesend sein.

Eine nach Meyerschen Kriterien von Inversionen, Füllwörtern, Perspektivsprüngen und schiefen Bildern halbwegs gereinigte Fassung der Kellerschen Zeilen könnte, ohne daß es darum ein brillantes Gedicht oder ein Gedicht von Bungert oder eines von Meyer würde oder ein Keller bliebe, wie folgt aussehen:

Wie schön, wie schön ist dieses kurze Leben,
Wenn es die bunten frühlingsfrischen Quellen
Verschwendend zeigt. Die Tage gleichen Wellen,
Die sich mit Macht zu überholen streben.

Dinge, die freudig unser Herz erheben,
Sind morgen lächelnd hintenan zu stellen;
Die aufgewühlten Geisteskräfte schwellen,
Den Tag mit neuen Bildern zu durchweben.

So mögen wir den Strom stets breiter schauen,
Zum Grund hin tief und tiefer niederwinken
Und all dem Fluten mehr und mehr vertrauen.

Jetzt herrliche Geschirre, draus zu trinken,
Leiht, Götter, uns, und Marmor, um zu bauen
Den festen Damm zur Rechten und zur Linken!

Das Handwerk stimmt, doch die Poesie ging verloren. Diese neu hereinzuholen, würde, zumal bei einem fremden Gedankenkonstrukt, einen Müheaufwand erfordern, den ich den Leser bitte, mir zu erlassen.

In nur einmal ausgesprochener Analogie zum Versschaffen Conrad Ferdinand Meyers (*Überstarkes Vorbild*) versuchen die sieben Großabschnitte meiner Komposition *Wolkenfarben* die Gattungsgrenzen zwischen Lyrik, Drama und Epos aufzubrechen. Lyrisch sind sie in Bezug auf die Form ihrer Einzeltexte, dramatisch in Bezug auf ihre grundsätzliche Umsetzbarkeit im Rahmen eines szenischen oder filmischen Geschehens. Episch sind sie in Bezug auf den oftmals hervortretenden erzählerischen Faden über ganze Textgruppen hinweg. Aber auch ein essayistischer Aspekt tritt hervor in einer dem Obertitel *Wolkenfarben* zugeordneten Reflexion über das Luftige, Wechselhafte, Flüchtige der Wolken in Analogie zur Gemütsverfassung eines Menschen. Es dominieren lose Begegnungen. Die Faszination ist groß, aber es kommt nur selten zu Annäherungen. Flüchtiges klingt aber selbst dann immer wieder durch. Der Mensch muß lernen, sich zu mißtrauen. Die Diagnose stimmt nachdenklich, will aber unterlaufen sein: „Das Leben hat nicht viel im Sinn / mit euch und schenkt statt Liebe Wolkenfarben" (*Von nahem*).

Ein erster Großabschnitt untergliedert sich in zwei unterschiedlich lange Abteilungen: *Umschau* und *Einer*. Um die überwiegenden strengmetrischen Gedichte, die wenigen freirhythmischen und die selten eingestreuten Prosabeiträge formal zu stabilisieren, setzte ich als stützenden Haltepunkt ein langes Gedicht in freien Jamben ein (*Weihnachten 1972*), ein Verfahren, für das der Leser in der Folge Entsprechungen findet, sei es im Prosatext von ebenfalls mehreren Sprechminuten Länge, sei es in expansiven freien Rhythmen. Eine spiegelbildliche Entsprechung wird vom zweiten Gedicht von *Umschau* (*Die Geigerin*) zu den gegen Ende von *Einer* angeordneten ebenfalls freien Rhythmen *Erschütterung* und *Wunschverhalten* gespannt, die überdies zusammen mit den verbleibenden Gedichten an die Anfangsfragestellung erinnern.

Die erste, kleinere Abteilung, *Umschau*, schwenkt aus der Vogelflugperspektive über verschiedene Plätze und Situationen hinweg, in denen sich die Absurdität menschlichen Verhaltens an der Allgegenwart des Todes bricht.

Biographisch interessiert vielleicht die Tatsache, daß der einleitende Text (*Normalität*) tatsächlich der erste gültige ist, den der Verfasser schrieb. Er benennt die Absurdität und Anmaßung hinter Vorstellungen von unbegrenztem Wachstum und Konsum. Das erste gültige Reimgedicht war das an zehnter Stelle angeordnete Umweltgedicht *Die Stadt*. In der Endfassung erlaubte ich mir die Unregelmäßigkeit eines nachgereichten Akkusativobjekts: der letzte Überlebende der Umweltkatastrophe, heißt es, „reißt ab, die nicht mehr retten kann: / die Maske. Stadt und Leben sind vernichtet." Das Metrum sperrte sich gegen die reguläre Satzstellung. Das Kalkül der Abweichung geht auf, wenn der Betrachter sich durch sie darauf stoßen läßt, daß „Maske“ doppelsinnig gemeint ist und darum die Herausstellung verdient: Maske als Atemschutzmaske und Maske als die Lügenmaske, die die Zivilisation sich aufsetzt, um ihre Katastrophen nicht zu sehen. Beim Durchhören einer verworfenen Audioaufnahme mußte ich lebhaft an die jüngste Reaktorkatastrophe in Japan denken.

Normalität schrieb ich im März 1971, *Die Stadt* im April 1972. Die Themen beschäftigen den Verfasser sein Leben lang. Er erinnert sich, darauf bezügliche Fragen bereits als Kind gestellt zu haben, als er erstmalig politische Gespräche Erwachsener belauschte. Er weiß, daß ihn der Wachstumswahn und die Umweltverschmutzung drängend beschäftigten, bereits in jenen Jahren, mit viereinhalb.

Normalität lautete in zwei Details noch anders und erschien mir ungelungen, so daß ich den Text lange zurückhielt. Die Zeile „je höher die Bilanz“ lautete mißverständlich zunächst „je höher der Verlust“, und für die lebenslänglich unaufgelöste Torheit der Menschen suchte ich über Jahre nach einem starken Bild. *Die Stadt* hatte ursprünglich vier Strophen und scheiterte an einer Stelle, bei der das metrische Schema partout nicht zu einem gewünschten Adjektiv passen wollte.

Während sich *Umschau* weitgehend mit dem Fehlverhalten des Kollektivs und nur im 1998 datierten Text *Die Geigerin* mit individuellem Fehlverhalten beschäftigt, lenkt der Abschnitt *Einer* den Fokus umgekehrt auf die Projektionen und Fehlhaltungen eines einzelnen. Die Fremderkenntnis fiel leichter als die Erkenntnis der eigenen Defizite. Erst das anhaltende Verwiesenwerden auf die Konsequenzen inkommensurablen Verhaltens setzt im Individuum Kräfte frei, neben sich zu treten. Auf eine indirekte Weise läßt die Textfolge an einem Selbsterkennungsprozeß teilnehmen, einer Art Selbsterforschung.

Als Beispiele für die Verknüpfungstechnik der *Wolkenfarben* wähle ich einige Texte gegen Ende der zweiten

Abteilung. *Erschütterung*, in Anknüpfung zugleich an den Text *Normalität* und den mit *Erschütterung* parallel entworfenen Text *Die Geigerin*, schildert die Verblendung einer egoman in ihren Gefühlsbefindlichkeiten gefangenen Person. *Wunschverhalten* führt den psychologischen Terminus der Imago in Verbindung mit der Projektionstätigkeit des Menschen ein. Die flapsige Ballade *Altertümliches Etagenklo* (1972) schildert die Verblendung eines Menschen, der in einem Ritual gefangen und dadurch den Bedürfnissen seiner Mitwelt und sogar Naturereignissen gegenüber unempfindlich bleibt.

Die aus sechs plus viereinhalb (bzw. fünf) Jambenzeilen bestehende Gedichtform, die dem Leser in *Krise* und *Wolkenbotschaft* begegnet, entsprang dem Blättern in Gero von Wilperts *Sachwörterbuch der Literatur*. Ich stieß dort zufällig auf die Beschreibung einer von Gerard Manley Hopkins erfundenen zehneinhalbzeiligen Gedichtform. Ohne andere Kriterien als Reimschema und Versproportionen zu kennen, probierte ich nach diesen Vorgaben eigene „Curtal Sonnets".

Der eröffnende Prosatext des in *Natur im Herbst* und *Die Begegnungen wechseln* aufgeteilten zweiten Großabschnitts, *Ein Herbstabend 1973*, bringt eine der Hauptfragen der *Wolkenfarben* auf den Punkt: Ist das Ich nicht grundsätzlich der „Scheinwelt ausgedachter Verhältnisse" verhaftet und gewinnt es nicht darum keinen Boden unter den Füßen? Aber handelt es nicht auch deswegen desorientiert, weil die Dinge an sich schwer bis gar nicht faßbar, das Leben als ganzes schwer bis gar nicht begreifbar ist? Was entspringt Absicht, was entspringt Unvermögen, was „bloß" mangelndem Wissen? Die Texte streichen immer wieder die Zerbrechlichkeit des Lebens anhand von Eindrücken aus der umgebenden Natur heraus. Die aneinandergereihten Fragmente erscheinen mehrfach zu epischen Episoden zusammengefügt, so die der Stadt und ihren Wäldern und die einer Selbstmörderin namens Mirjam gewidmeten Texte. Der weitere Verlauf entwickelt das Geschehen bisweilen hin in den schwankenden Bereich einer abweichlerischen Erotik und immer wieder in den Formenkreis des Sonetts.

Menschen in der Stadt als dritter Großabschnitt porträtiert bekannte und anonyme Weggenossen. Eine entspanntere Haltung, seltener grimmige Ironie über menschliche Dinge läßt nach und nach von der bislang vorherrschenden melancholischen Stimmung abrücken und zeigt, wie Humor Wunden heilt.

Der vierte und letzte Großabschnitt vereint zwei epische Zyklen. Der erste berichtet in der dritten Person, der zweite vollzieht den Wechsel aus der distanzierenden Erzählung in die Perspektive des lyrischen Ichs.

Hektische Zeit könnte zu einem mit Schwarz-Weiß-Kamera aufgenommenen Kammerspiel den Sprechertext liefern. Der Verfasser denkt an einen Außenseiterfilm in der Art mancher Beiträge der legendären ZDF-Reihe *Das kleine Fernsehspiel*. Ebenso freilich an Schuberts *Winterreise* und Conrad Ferdinand Meyers von Abschiedsstimmung durchzogene Jambendichtung *Huttens letzte Tage*. *Hektische Zeit* besteht neben zwei Sonetten allerdings aus ungebundenen Versen und zwei Prosatexten.

Die Unterscheidung Prosa-Vers teilt sich eher optisch als akustisch mit. Die zunächst willkürlich erscheinenden Zeilenumbrüche umschreiben jedoch etwas Substantielles: sie signalisieren die Getrenntheit einander anziehender Sphären.

Beim mündlichen Vortrag wird solchen Feinheiten Rechnung zu tragen sein, dennoch bleibt beim Anhören des gesprochenen Textes die Einteilung in Verszeilen nicht zwingend und der Unterschied zu einer rhetorisch durchgegliederten Prosa graduell, der Wechsel mit den als Prosa notierten Passagen unauffällig.

In der Tat bestehen zwischen metrisch gebundener und freier Sprache Übergangsstufen. Der freie Vers erscheint in rhetorisch differenzierter, kräftig gegliederter Prosa vorgestanzt. Markant rhythmisierte Prosa und freier Vers gehen bruchlos auseinander hervor und können, wie im Text *In der Stadt / Menschen in der Stadt* aufgezeigt, innerhalb eines Textes unauffällig wechseln.

Hektische Zeit handelt von einer Dreiecksbeziehung zwischen zwei Männern, einer davon mit Namen genannt, und einer Frau, Mareike. Alle sind noch jung. Ab und zu schaltet sich der Autor mit einer kommentierenden Bemerkung ein, die verrät, daß er die Beteiligten kennt und an ihren Gefühlen Anteil nimmt.

Der eine der Männer – Aron – wirbt um den andern – du –, der seinerseits mit Mareike befreundet, später auch verlobt ist und dem Werben Arons widersprüchlich begegnet. Das Verhalten Arons ist einerseits hartnäckig und insistierend, andererseits unklar und zögerlich.

Er verhält sich wie ein Stalker, mit dem doppelten Unterschied, daß er einerseits den Freund nicht materiell belästigt und außerdem Hinweise darauf bekommt, daß es diesem nicht unangenehm ist, sich als Gegenstand von Wunschprojektionen zu erleben.

Aron umkreist in immer neuen Wendungen die nicht zustandekommende Beziehung, sucht zwischenzeitlich Orientierung in einer neuen Bekanntschaft, die ihn aber distanziert läßt, wird seines Verharrens in der Tagtraumwelt als einer Konstante ausbleibender Lebenserfüllung inne, flüchtet in eine herbstlich resignierte Hinterbliebenenhaltung und gerät in einem Anfall zorniger Depression einmal in die Nähe des „Verrücktwerdens“. Beim Abschlußtext des 25teiligen Zyklus sind mehrere Monate vergangen – etwas wie ein Trauerjahr, als dessen Chronik sich die ganze Erzählung liest.

Für Leser, die neugierig auf „reale Hintergründe“ sind: Aron und der andere Mann gingen Monate nach der festgehaltenen Episode auf Betreiben des anderen eine intime

Beziehung miteinander ein. Dieser definierte sich jetzt als homophil und trennte sich wieder, weil er Aron, der sich zuvor so definiert hatte, anders erlebte und seine eigene Rolle in der Beziehung nur eingeschränkt wahrnehmen zu können meinte. Aron, der seinen Partner verweiblichte, lebt inzwischen mit einer Frau zusammen. Sein Frauenbild ist wie sein seinerzeitiges männliches Partnerbild weiblich. Diese schwer zu durchschauende Verschiebung stellte sich als die Kernschwierigkeit seiner Partnersuche heraus. Aron gehörte oder gehört offenbar zu den Menschen, deren Bild von Partnerschaft und Begegnung nicht mit den Vorgaben „normaler" Sexualität zusammenstimmen. Nicht zum ersten Mal in *Wolkenfarben* bleibt ein Mensch außenstehend und ausgegrenzt.

Neben psychologischer Analyse betreibt *Wolkenfarben* vereinzelt Selbstreflektion als Kunst. An prominentester Stelle tun dies die in der abschließenden Abteilung stehenden einem Tänzer gewidmeten Sonette. Das erste, *Der Tänzer*, beschreibt vordergründig das klassische Ballett mit seiner „Erregung, die sich / des Überschwangs entschlägt", seiner „geballten Kraft, / die ihre eigne Fessel hütet, nie sich / am lauten Ruf der Freiheit freut", verweist in seinem strengen Duktus aber zugleich auf die asketische Disziplin, die generell hinter jeder komplexeren Kunstleistung steht. Aus eigener Erfahrung möchte der Verfasser jedoch an einen Unterschied glauben. Während er den Torturen, denen sich Balletttänzer unterziehen, Menschen mit einer eigenen Leidensfähigkeit zuordnet, erkennt er in der Lust, sich an Spitzenleistungen der Dichtkunst abzuarbeiten, nichts Selbstquälerisches.

Während die Tänzer-Sonette einige der verschlungensten Ausprägungen der Sonettform in *Wolkenfarben* präsentieren, handhaben die 24 durchnumerierten *Flüchtigen Sonette* die als artifiziell und schwierig geltende Form auf eine fast provokant selbstverständliche Weise.

Sonette gelten kaum als das Mittel der Wahl, übergreifende Handlungen zu tragen. Hierfür bediente sich der

Epiker gemeinhin des unregelmäßig gereimten vierhebigen Jambus ohne Strophenbindung (Conrad Ferdinand Meyer: *Engelberg. Eine Dichtung*) oder des Hexameters (Johann Wolfgang von Goethe: *Reineke Fuchs*; *Hermann und Dorothea*). In *Flüchtige Sonette* jedoch wird ganz im Gegenteil eine die Pointierung suchende Form aus zweimal vier und zweimal drei fünfhebigen Jambenzeilen zweckentfremdet zum Träger eines chronikalen Geschehens.

Wie der Verfasser Prosa und prosanahe Verssprache mehrfach zuvor in die Nähe gedichthafter Ausdrucksdichte zu hieven suchte, so verwendet er hier umgekehrt die strenge Sonettform uncharakteristisch in der Weise, daß Nähe zur prosaischen Mitteilung entsteht.

Mit Ausnahme eines einzigen im Deutschen inkorrekten Reims (semantisch abgedeckt, sogenannter identischer Reim: zweimal „gehst" hintereinander in *3*; im selben Zusammenhang – zur Kennzeichnung der Absicht – die als zweifelhaft geltende Reimung (r)ase auf (f)asse) findet sich ungeachtet lockeren Sprachduktus kein eindeutiger Regelverstoß. Wie dargelegt, vermeide ich metrumbedingte Vertauschungen von Subjekt und Prädikat bzw. Objekt und Prädikat (Inversion). Genau dies wiederum ergibt in der akustischen Realisation eine Nähe zum Prosafluß. Diese Nähe wird noch verstärkt durch häufigen Zeilensprung (Enjambement), unauffällige Reimwörter und Ausnutzung der zumindest bei einigen Metrikern, so Wolfgang Kayser in seiner *Kleinen deutschen Versschule*, ausdrücklich vorgesehenen Ausnahmeregelung, am Anfang eines jambischen Verses die Hebung in den Auftakt vorzuverlagern.

Im Brückenschlag zu den vorangegangenen Abteilungen der *Wolkenfarben* spielt das nun noch verbleibende Gedicht *Die Unbekannte* den Fall durch, daß das lyrische Ich selber Gegenstand des Wunschdenkens anderer und Quelle von Leiden wird.

Zusammenschau und Ausblick

Einem Freund fiel eine Tendenz zum Selbstbezughaften, Relativen, wenig Kollektiven in den *Wolkenfarben* auf. Der Mensch als bloßer Guckkasten mit einer Nase mittendrin und einem die Eindrücke kommentierenden Hirn dahinter – warum nicht? Jeder ist sich selber Zentrum der Welt. Viele bleiben es bedauerlicherweise beharrlich bis zum Tode (*Normalität*). Erst durch Nachdenken über Reaktionen kann jemand zu einem empathischen Zeitgenossen und logisch rückschließenden Beobachter werden.

Die in vielen der Texte gezeichneten Konstellierungen rütteln am Bild einer naturgegebenen Sexualität, die, in Worten desselben Freundes, „zum schönsten und erregendsten gehört, das unserer Gestaltungskraft, Formung, Sozialisation usw. gegeben ist“ und angeblich nur durch verzerrende Einflüsse der Religion, Erziehung und Gesellschaft blockiert werden kann. Dem halten diese Texte eine Problematisierung des Natürlichen selber vor und eine unüberbrückbare Distanz zu jener Theorie, die der Gesellschaft unbeschränkte Macht über die bildsamen Hirne ihrer Mitglieder einräumt. Daß die sexuelle Triebkraft per se „zum schönsten und erregendsten gehört, das unserer Gestaltungskraft, Formung, Sozialisation usw. gegeben ist“, sollte sich derjenige abschminken, für den etwas Elementares im Mechanismus von Berührungsreiz, Weiterleitung, Vereinigung gestört ist.

Das Nichtselbstverständliche am angeblich Selbstverständlichen zu überprüfen, kann von großem erkenntnistheoretischen und im Fall nicht weniger Menschen sogar praktischen Nutzen sein. In der Statistik rangiert ein Großteil der Personen, die es betreffen dürfte, unter den zehn oder mehr Prozent der zeugungsfähigen Bevölkerung, die ohne äußeren Zwang in keinem Beziehungsverhältnis leben und auch nicht danach streben. Selbst unter denjenigen anderen, die nach Beziehungsverhältnissen streben, sind viele von Unregelmäßigkeiten des Fühlapparats betroffen. Das ist wie Fehlsichtigkeit oder eingeschränkt Hören. Und sie leiden, weil die Gesellschaft ihnen eine Norm aufdrängt, die nur voll Sehende, voll Hörende und voll Fühlende erfüllen können. Sobald sie sich von der Norm lossagen, hören sie zu leiden auf. Die vorgelegten Texte sagen es nicht, aber es bleibt eine zu ergänzende Option. Nur, diese Option erzeugt vielleicht keine Lyrik, sondern praktisches Handeln.

Es sei unterstrichen, daß es analog Seh- oder Hörstörungen auch Abweichungen bei den anderen Sinnen gibt, die eine Verlagerung in unpraktikable Vorstellungen bedingen und normierte Erotik erschweren. Die normgerecht Empfindenden wissen nicht, wie dankbar sie sein müssen, wenn dieses hochverzweigte Regelwerk von Anfangsreiz und Symbiose bei ihnen so abläuft, wie es offensichtlich soll …

… um sie dann doch, wie den berühmten Verfasser des ersten deutschen *Lexikons der Liebe und Erotik*, Ernest Bornemann, mit 80 Jahren in den Selbstmord zu treiben, weil sie daran zerbrechen, ihre jüngeren Freundinnen nicht mehr koital befriedigen zu können?

Welcher Verzicht!

Wir verzichten alle. Aber verzichtet man überhaupt, wenn man etwas nicht richtig will? Vieles, was Gesellschaft, Werbung und die Setzungen der Humanwissenschaften suggerieren, nicht erst anstreben, würde das Leben vieler entspannen und erleichtern. Die Konsum- und Perfektionsgesellschaft erlegt vielen, die es noch nicht durchschauen, eine heimtückische Askese auf: den Verzicht auf unbeschwerte Zeit, auf einen unbelasteten Kopf und auf ein heiteres Gemüt.

In der Erotik wie im Leben allgemein.

Wird man denn unglücklich, wenn man schon als Vierjähriger versucht, nicht mehr Schaden anzurichten als unbedingt nötig?

Wie die Wolken zieht das Leben in veränderlichen Formationen dahin. Aber wir haben alle mit unserer Vergänglichkeit fertig zu werden, keiner klinkt sich aus. Allein Bescheidenheit hilft gut schlafen.

Die Tatsache, daß der Verfasser bis neulich immer wieder an diesen Texten feilte, wo ein anderer längst aufgegeben und sich anderen Interessen zugewendet hätte, dieses verbissene Suchen nach der persönlichen Perfektion in einem individuell zusammengebauten Ganzen drückt etwas dem Flüchtigen wiederum Entgegengesetztes aus: in der Haltung zum Leben, zum Tod, zur Gesellschaft, zur Geselligkeit, zur Öffentlichkeit, zum Markt und zu den Ressourcen. Es ist Reflexion im Spannungsfeld zwischen allgemeinen Fragen und persönlicher Begrenzung.